好父母才是好老师

Children Learn What They Live
Parenting to Inspire Values

〔美〕多萝西·劳·诺尔蒂　雷切尔·哈里斯　著

马兰 译

Dorothy Law Nolte & Rachel Harris

山东文艺出版社

图书在版编目（CIP）数据

好父母才是好老师/（美）诺尔蒂，（美）哈里斯著；马兰译.
—济南：山东文艺出版社，2012.7
ISBN 978-7-5329-3732-5

Ⅰ.①好… Ⅱ.①诺… ②哈… ③马… Ⅲ.①家庭教育 Ⅳ.①G78

中国版本图书馆CIP数据核字（2012）第078172号

图字：15-2012-016号

First published in the United States under the title:
CHILDREN LEARN WHAT THEY LIVE
Copyright © 1998 by Dorothy Law Nolte and Rachel Harris
The poem "Children Learn What They Live" on page v copyright © 1972 by Dorothy Law Nolte
Published by arrangement with Workman Publishing Company, New York.
Through Big Apple Agency, Inc.
Simplified Chinese translation copyright © 2012 by Shanghai 99 Culture Consulting Co., Ltd.
All rights reserved.

好父母才是好老师

〔美〕多萝西·劳·诺尔蒂 雷切尔·哈里斯 著 马兰 译

主管部门：山东出版集团
集团网址：www.sdpress.com.cn
出版发行：山东文艺出版社
社　　址：山东省济南市英雄山路189号
邮　　编：250002
网　　址：www.sdwypress.com

读者服务：0531-82098776（总编室）
　　　　　0531-82098775（发行部）
电子邮箱：sdwy@sdpress.com.cn

印　　刷：山东临沂新华印刷物流集团
开　　本：890×1240毫米　32开
印　　张：8
字　　数：83.5千字
版　　次：2012年7月第1版
印　　次：2012年7月第1次印刷
书　　号：978-7-5329-3732-5
定　　价：28.00

版权专有，侵权必究。如有图书质量问题，请与出版社联系调换。

此书献给所有生气勃勃的孩子,愿给他们带来爱与光明。

——多萝西·劳·诺尔蒂

献给我的女儿艾什莉,是她教会我爱与育儿。

——雷切尔·哈里斯

孩子从生活中学到什么

多萝西·劳·诺尔蒂

如果孩子生活在批评中,他们将学会指责;
如果孩子生活在敌意中,他们将学会争斗;
如果孩子生活在恐惧中,他们将学会畏惧;
如果孩子生活在同情中,他们将学会自怜;
如果孩子生活在嘲弄中,他们将学会羞愧;
如果孩子生活在嫉妒中,他们将学会妒忌;
如果孩子生活在耻辱中,他们将有负罪感;
如果孩子生活在鼓励中,他们将学会自信;
如果孩子生活在忍耐中,他们将学会耐心;
如果孩子生活在赞扬中,他们将学会感谢;
如果孩子生活在接纳中,他们将学会去爱;
如果孩子生活在赞许中,他们将学会爱自己;
如果孩子生活在认同中,他们将树立目标;
如果孩子生活在分享中,他们将学会慷慨;
如果孩子生活在诚实中,他们将学会真诚;
如果孩子生活在公平中,他们将学会正义;
如果孩子生活在友善和体贴中,他们将学会尊重;
如果孩子生活在安全中,他们将学会信赖;
如果孩子生活在友爱中,他们将学会爱世界。

好父母
才是好老师

我和学生的交流指南

我第一次读到《孩子从生活中学到什么》是在 20 世纪 70 年代初,那时我正在写一本关于如何在课堂上帮助孩子建立自信的书。我马上就爱上了这首诗,并复印给我当时执教的那所学校里的所有老师。我直观地感受到每一句都包含着一条真理,我无法不为它短短的词句中所蕴含的无数的智慧而惊叹。

那时我不曾见过这首诗的作者,但是若干年后,在一个心理学研讨会上我真的见到了多萝西和她的丈夫克劳德。他们盛情邀请我去他们的房间,而他们对我的接纳、体贴、鼓励、友好正如多萝西在诗中所写的那样。那个夜晚我终生难忘。他们一定难以想象他们的爱与关怀给了当时的我多么大的影响。我那时还是一个年轻编辑,正在苦心学习爱自己,并教自己的学生爱自己、接受自己。

《孩子从生活中学到什么》成为我和学生们交流的行动指南，后来还被用来指导我如何与三个儿子相处。我一直遵循这些原则生活并教育孩子。

我做了三十年的教育工作者和育儿研究小组的组长，我相信大多数的父母真心希望给予孩子爱、友好、体贴、认同、诚实和公正。问题在于，大多数的父母上过的课程中，从来没有一节是专门教授与孩子沟通交流的方法和技巧的，或是讲解如何实践体贴、关怀、诚恳和公正的育儿规则的。

没有任何一对父母一早醒来会对自己的配偶说："我想好了四个绝好的办法去摧毁小比利的自信。我们可以批评他、嘲笑他、羞辱他，还可以欺骗他。"没有人愿意伤害自己的孩子，尽管父母们有时会那样做，但他们不是故意的。往往是由于毫无觉察，不懂害怕，父母们才把他们偏执的信条和感情方面的困惑传递给了他们的孩子。

这种消极、有害的亲子沟通方式或许在不知不觉中已经占据了主流地位，父母们需要拿出勇气和决心才能打破它，我们需要

> 好父母
> 才是好老师

有意识地在生活中树立我们的目标,即培养健康、快乐并且适应社会的孩子。

在《孩子从生活中学到什么》这首经典诗作中,多萝西·劳·诺尔蒂结合一些典型事例一句句教授给我们怎样把这些原则运用到生活之中。她以简洁易懂的语言告诉我们怎样才能对孩子少些挑剔多些忍耐,少些批判多些包容,少些羞辱多些鼓励,少些敌意多些友善。

阅读这本书还会令你有额外的收获:不仅可以学习怎样成为更合格的父母,还可以学到怎样成为一个更好的伴侣、教师和经理。因为这首诗介绍给我们的原则和方法是全世界通用的,它们会引导我们营造出彼此尊重、相互激励、充满友爱的人际关系。我深信,如果每个人都能在他所有的人际关系中运用这些原则,这个地球上就会少些暴力,少些战争,职场里也会少些罢工,使生产力得以提高,教室里也会少些捣乱,让我们把更多的时间花在学习上,监狱、福利院、戒毒中心里的人也会减少。其实,我们今天所面临的那些棘手的难题大多源于家庭,做一名合格的父母,就是为解决那些难题做贡献。

无论你现在是一名多么出色的父母,这本书都将带你游历一个充满魔法的世界。它将教会你如何培养出一个自信进取、耐心慷慨、心怀感激、富有爱心、目标明确、诚实公正、礼貌友善的孩子,还有什么事情比这更令人骄傲呢!试想,如果全世界的孩子都具备这些美德,当他们长大成人的时候,世界将会是什么样?如果华盛顿的政治家都具备这些美德并以身作则,华盛顿将会是什么样?我期待这一天的到来。我知道多萝西也会。我坚信这一美好愿望就是我们这些教育工作者的原动力,推动我们再接再厉。

为人父母是一项非常光荣的工作,千万不要低估自己的能量,请相信你正在创造一个更美好的未来,不仅为了你的孩子,也为所有的人。这本书肯定能帮助你成为你一直想成为的理想中的父母,教会你把孩子培养成总能令你引以为荣的孩子,并指引我们把这个世界改造成我们理想中的美好家园。

杰克·坎菲尔德

(《心灵鸡汤》、《母亲的心灵鸡汤》作者)

> 好父母
> 才是好老师

《孩子从生活中学到什么》的故事

《孩子从生活中学到什么》创作于1954年,那年我在南加利福尼亚州的一家地方报纸开专栏,每周撰写一篇关于家庭生活的文章,这首诗是其中一篇文章的一部分。当时我的女儿十二岁,儿子九岁。我在当地的校区里教授家庭生活的成人教育课程,同时主管一个托儿所的父母课堂。这首诗能成为世界经典是我始料不及的。

我用《孩子从生活中学到什么》回答了参加家庭生活课程的父母们的疑问。这首诗告诉了他们父母应该是什么样的。20世纪50年代的教育方法是,父母告诉孩子应该做什么和不应该做什么,引导孩子的概念还鲜为人知。《孩子从生活中学到什么》使父母们认识到他们给孩子最深刻的影响就是他们自己在日常生活中扮演的角色。

很多年来,《孩子从生活中学到什么》曾出现在很多论坛上。雅培公司的罗斯事业部把这首诗的缩写版本发放给医院里数百万的初为父母的家长们,以及为他们公司工作的医生们。这首诗被翻译成十种语言,在全世界出版发行,各国的教师和牧师都把它作为父母课堂和教师培训的必修内容。无论这首诗出现在世界的哪个角落,我都希望它能引导和启发父母们去完成他们人生中最重要的使命——培养他们的孩子。

时代的变迁

世界在改变,我也顺势在诗中做了一些修改。最重要的结构上的修改,是关于主语的性别问题。诗的原文是"当一个孩子生活在……,他将会……"。80年代初,我把主语修改为复数,"当孩子生活在……,他们将会……",这样主语里也同时包括了女孩。

就在那个时期,我还把一个复合句,"如果孩子生活在诚实和公平中,他们将重视事实和正义",分割成了两句,即"如果孩子生活在诚实中,他们将重视事实"和"如果孩子生活在公平中,他们将学会正义",因为孩子认为诚实和公平是两码事。这一修改也同时强调了正直和正义的不同价值。1990年,我补充了一句,"如果孩子生活在友善和体贴中,他们将学会尊重"。随着社会中多种文化的共同发展,我希望提倡以尊重为基础的交往原则,只有这样才可能接纳百川。

当我编写这本书的时候,我重新推敲了"如果孩子生活在诚实中,他们将重视事实"这一句。当我在20世纪50年代中期创作这首诗的时候,"事实"是一个单纯而明确的词。但是,四十多年后,我们开始意识到事实有很多种,其中也不乏假象。于是我把它改为"如果孩子生活在诚实中,他们将学会真诚"。我想这样才更能表达孩子对探求他们自己的真理的真切期望。

你在卷首读到的诗就是经过修改的完整版的《孩子从生活中学到什么》。

与读者的纽带

许多年来,我的读者都对我亲切热情,我很高兴。一位母亲告诉我,"或许你会生气,我把你的诗贴在卫生间里了",因为那是她唯一可以独处的空间。当她觉得需要安静下来,评价自己作为母亲的表现的时候,她就会去那里。一位父亲告诉我,他把诗贴在了车库里的工作台上。他说:"这样我就能经常读到它。"《孩子从生活中学到什么》给这两位父母提供了一个反思修整、审视自身的途径。

一位祖母最近告诉我说,在她和孙子的沟通中,这首诗给了她极大的帮助。她说当她为人母的时候,《孩子从生活中学到什么》就是她的圣经,而现在已经成为祖母的她又把它实践在第三代身上。另一位母亲写信告诉我,说这首诗是她"做父母后上的第一堂课"。很多人与我分享他们从《孩子从生活中学到什么》中得到的收获,我渐渐明白这首诗或许可以成为一个精神范本,启发父母们达成他们的理想。

《孩子从生活中学到什么》展示给我们一个明确而简单

> 好父母
> 才是好老师

的道理：父母永远是孩子的老师。你的孩子一直在关注着你。或许他们并不在意你要他们做什么，但他们注定会观察你的一言一行。你是孩子人生中的第一个也是最有影响力的榜样。父母总是努力灌输给孩子一些价值观，其实孩子早在日常生活中通过父母的言行、情感、态度，自然而然地学到了很多。你表达或控制自己的情感的模式，孩子都会永远记在心里。

我相信每个孩子都是独一无二的，拥有他们自己的智慧和创造力。他们终将把他们的内心世界和美展现给这个世界，父母所享有的特权就是担当这一过程的第一见证人。

我想《孩子从生活中学到什么》经受了时间的考验，为众多家庭的几代人提供了有效的育儿理论。它会提醒你时常拿些时间来想一想，对你来说在家庭生活中到底什么是真正重要的。我希望这首诗和这本书能在你育儿的过程中引导和启发你相信自己的感情和直觉。当孩子参与到家庭生活中并为之效力的时候，别忘了肯定和培养孩子内心的成长与自我表达。这样你就可以成为孩子的好朋友，鼓励他们，支持他们，与他们共同分享、共同进步，其乐融融。

　　大多数父母第一次读到我的诗时，都会说："我知道。"对，你或许知道。但，不可否认的是，这首诗架起了一座桥梁，使你可以通向被你忘却的内心深处。我想通过这本书，使《孩子从生活中学到什么》中的每一句诗都得以扩展和补充。我想象着我们大家坐在一起，讨论如何与孩子相处。我希望这本书能让你分享到我们的经验，能使我的诗表达得更生动、更贴近生活。孩子确实是从生活中学习生活的，他们长大后会过他们所学到的生活。

多萝西·劳·诺尔蒂

{ 好父母
才是好老师

如果孩子生活在批评中，他们将学会指责 ············· 1
  当孩子惹火你的时候 / 3
  注意说话方式 / 7
  唠叨也没用 / 9
  孩子也是我们的老师 / 11

如果孩子生活在敌意中，他们将学会争斗 ·········· 13
  乌云滚滚 / 15
  驱散乌云 / 18
  来自我们自身的乌云 / 20
  晴间多云 / 23

如果孩子生活在恐惧中，他们将学会畏惧 ········· 25
  孩子惧怕什么 / 26
  当魔法失效时 / 29
  对孩子的过度担忧会产生消极影响 / 30
  倾听孩子的话语 / 33
  父母也有害怕的时候 / 35

如果孩子生活在同情中，他们将学会自怜 ········· 37
  换换心情 / 38
  "你不知道你有多幸运" / 40

目录

"我肚子疼" / 42
直面逆境的勇气 / 46
解决问题，不要同情 / 47

如果孩子生活在嘲弄中，他们将学会羞愧 ………… 49
欢笑还是嘲笑 / 51
父母的支持 / 54
当我们自己嘲弄了他人 / 55
家庭中的嘲弄 / 56
家是孩子的避风港 / 58

如果孩子生活在嫉妒中，他们将学会妒忌 ………… 59
"饭是别家的香" / 60
兄弟姐妹之间的竞争 / 63
从众心理 / 65
肯定我们的孩子，也肯定我们自己 / 68

如果孩子生活在耻辱中，他们将有负罪感 ………… 69
鼓励学习，不要负罪感 / 71
"你真丢人" / 74
孩子也有自己的感受 / 75
培养责任感 / 77

"对不起" / 79
尊敬别人和自己 / 81

如果孩子生活在鼓励中,他们将学会自信 ········· 83
鼓励有多种方式 / 85
谨防陷阱 / 87
每个孩子都有梦想 / 91
鼓励孩子的一切 / 94

如果孩子生活在忍耐中,他们将学会耐心 ········· 95
孩子不善于等待 / 97
教孩子优雅地等待 / 99
从母性中学习耐心 / 102
接纳与我们不同的人 / 103
家庭的和谐 / 105

如果孩子生活在赞扬中,他们将学会感谢 ········107
发现孩子的优点 / 108
通过赞扬传授价值观 / 111
真诚的重要性 / 114
教孩子欣赏自己 / 116
赞扬的局限 / 116

目录

　　快乐的童年 / 118

如果孩子生活在接纳中，他们将学会去爱 ········ 119
　　无条件地接受就是爱 / 121
　　肌肤接触的重要性 / 124
　　爱的示范 / 126
　　爱是一切的基础 / 127

如果孩子生活在赞许中，他们将学会爱自己 ······· 129
　　传授价值观，培养自尊心 / 131
　　教孩子学习遵守家庭规则 / 133
　　坚守自己的价值观 / 136
　　教孩子爱自己 / 139

如果孩子生活在认同中，他们将树立目标 ········ 141
　　循序渐进 / 144
　　积累的重要性 / 146
　　为了目标，节省开支 / 148
　　分享孩子的梦想 / 150

如果孩子生活在分享中，他们将学会慷慨 ········ 151
　　从婴儿时期开始分享 / 152

"把小宝宝送回去" / 156
和孩子共享时光 / 158
充分利用与孩子共度的时光 / 161
培养助人之心 / 162
分享的喜悦 / 163

如果孩子生活在诚实中，他们将学会真诚 ········· 165
教孩子学会诚实地表述 / 167
小谎言也绝不放过 / 169
故事与谎言 / 171
善意的小谎言 / 174
父母是孩子的范本 / 176
心心相通 / 178
真诚的价值 / 182

如果孩子生活在公平中，他们将学会正义 ········· 183
家庭中的公平 / 185
培养敢于直言的孩子 / 188
需要勇气的行动 / 191
公正是我们的理想 / 194

目录

如果孩子生活在友善和体贴中,他们将学会尊重 ···195
  为他人着想的心 / 197
  沟通时的尊重 / 200
  珍惜物品,尊重隐私 / 201
  身教胜于言传 / 203
  尊重彼此的差异 / 205

如果孩子生活在安全中,他们将学会信赖 ··········207
  要有自己的信念 / 209
  培养孩子的自信心 / 209
  让孩子信赖我们 / 211
  安全并不意味着乏味 / 213
  自信就是相信你自己 / 215
  自信决定孩子的将来 / 216

如果孩子生活在友爱中,他们将学会爱世界 ·······219
  人际关系网 / 221
  亲戚朋友 / 223
  家族聚会 / 226
  庆祝每一天 / 228
  衔接过去与未来 / 230

如果孩子生活在批评中，
他们将学会指责

> 好父母
> 才是好老师

孩子就像海绵，他们会吸收我们所有的言行举止。他们每时每刻都会从我们身上学到些什么，无论我们是否意识到自己在教他们。所以如果我们陷于一个批判的模式中，抱怨孩子、他人、周围的一切，那正是给孩子示范如何指责别人，甚至是教孩子如何自责。我们的批评传递给他们的是世界的丑恶，而非世界的美好。

批评有很多种表达方式，可以是词语、声调、动作，也可以只是一瞥。投去指责的目光或在话中加入否定的词语，对我们来说都不是难事。小孩子对大人的说话方式非常敏感，会牢记在心。父母可以说"该走了"，没有其他意思。而另一个赶时间又没耐心的家长虽然说同样一句话，却蕴含着责备："都怪你耽误了这么长时间。"孩子能听出前后这两种语气的不同，第二个孩子会感到内疚。

当然，我们每个人都有自己的毛病，也多少会批评某些人或事。在我们批评这些人或事的时候，孩子可能就在旁边。尽管这种批评与终日鸡蛋里挑骨头似的挑剔的生活态度是不同的，但批评过多，不管针对任何人，日积月累，最终只

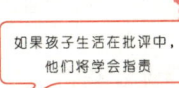

> 如果孩子生活在批评中,
> 他们将学会指责

能形成一种消极、苛刻的家庭氛围。作为父母,我们既可以选择挑剔、苛刻的家庭氛围,也可以营造支持、鼓励孩子的家庭氛围。

当孩子惹火你的时候

六岁的艾比站在厨房的餐桌边,把她采来的野花插进一个装满水的塑料罐子里。突然,罐子翻了,水、叶子和花弄得到处都是。艾比自己也弄湿了,站在一片狼藉中哇哇大哭。她妈妈马上跑过来,生气地说:"天啊!你怎么那么笨哪?"我们都说过这样的话。不经思考的第一反应。我们自己都感到惊讶,这样的话怎么会脱口而出?也许因为我们累了,也许我们正在为毫不相干的其他事担忧,可是我们已经来不及更改刚才的语气,来不及阻止自己夸张的斥责给孩子带来打击,令孩子的自尊心受到伤害。如果艾比的妈妈能抑制住自己的怒气,平静下来,为刚才的大喊大叫道歉,那么收拾残局将会比较顺利。艾比也会为自己闯的祸感到抱歉,但不会为自己感到难过。如果艾比的妈妈还继续批评艾

{好父母
才是好老师}

比，那艾比会真的觉得自己是个没有能力的笨人。

我理解要压抑心中的愤怒并不是一件容易的事情，即使我们明白心平气和会对孩子更好。我们大多数人都应该努力了解和控制自己的感情冲动，这样才有可能做出不同于上述的其他反应。比如问"罐子怎么翻的"，就把重点放在了事件上，而不是针对孩子。这样处理不但避免了孩子产生挫折感，而且为孩子的进一步学习创造了空间。通过鼓励孩子描述事情的经过，你也可以了解到事情是怎样发生的，甚至发现将来解决这类麻烦的更好办法。

只要花费足够的时间去计划并在开始时立好规矩，就能避免一些麻烦。孩子多半想要取悦父母，我们可以事先明确地告诉孩子我们的目的，那么孩子做起来就会比较容易。给孩子提出的建议应该明确并符合孩子的年龄，这样孩子才能从中获得有益信息，更好地完成要做的事情。

一个雨天，四岁的本跟妈妈说，他想和小朋友一起用橡皮泥捏小动物。他的妈妈正在埋头处理一堆账单，若换了别人，大概只是轻轻地答应一声，就让孩子们自己玩去了。而她却立即站起身来，找出一幅她专门为这种游戏预备的旧浴帘铺在地上，然后

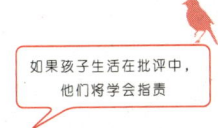

如果孩子生活在批评中，他们将学会指责

向孩子们解释说："坐在浴帘中间，我们可以把它抻平，这样就有足够的地方建你们的大农场了。"

孩子们把橡皮泥堆到塑料帘子上，本问妈妈："我们用菜刀切一下行吗？"

"菜刀可不行。菜刀可不是玩的。用切曲奇的小刀怎么样？"她回答道。

"好吧。木头勺子能用吗？"本又问。

"当然可以了。"妈妈说着又找出一堆炊具，"记住，玩完了你们得帮我把这里收拾干净啊。"

尽管本的妈妈一开始被孩子们打断，但是如果没有那几分钟的准备，最后地毯肯定弄得到处都是橡皮泥，她还得一边压制住心中的怒火不去训斥他们，一边吭哧吭哧地擦地毯。妈妈的参与同时给了本与妈妈商量的机会，选择可以玩的厨具。虽然这个选择的过程需要时间，但是能给孩子提供一个很好的机会来训练如何做决定。如果每天都能积极地参与决定，必将帮助孩子建立积极的自我意识。

在现实中，或者因为忙，或者因为出乎预料，我们不可能把每

> 好父母
> 才是好老师

件事都处理得很周全。一天,我的一个朋友催促她五岁的女儿凯蒂快点出门,因为当天有一大堆事情要办,其中包括带凯蒂去剪头发。路上她对女儿说:"快点!宝贝,我们得去给你剪头发,我不想迟到。"没想到凯蒂突然因为不愿剪发而闹起别扭来。妈妈没辙了,说她任性,凯蒂则沮丧得说不出话来。在成年人看来,凯蒂妈妈的话或许并不算严厉,但在凯蒂的耳朵里,妈妈的意思是"你是个坏孩子,因为你太任性"。

当凯蒂终于平静下来,才向妈妈解释,说她想把刘海留长,不想剪。她妈妈惊讶地看着她,这才明白孩子刚才为什么闹。"好的,宝贝。"妈妈说,"我们可以跟美发师说,让他别剪你的刘海。"如果吃早饭的时候跟凯蒂商量一下剪头发的事,凯蒂就不会闹,自己也不用发脾气了。

当然,无论我们多么有耐心、多么通情达理、多么能预测未来,我们总会有与孩子意见不一致的时候。难题在于化解这个冲突的同时,还要把伤害控制在最小范围内。僵局一旦形成,解决起来就困难了。凯蒂的妈妈尊重了女儿决定自己发型的权利。从小在小问题上与孩子分享决定权,逐步建立

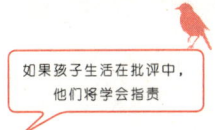

如果孩子生活在批评中,
他们将学会指责

亲子之间的信赖关系,当孩子长到十几岁需要做更大的决定时,这种关系就会起作用。如果我们能倾听孩子的心声,尊重他们的意见,他们就会向我们敞开心扉,和我们一起解决难题。

注意说话方式

我们批评孩子的本意通常是为了鼓励孩子做得更好、更优秀。或许我们小的时候,我们自己的父母就是以这样的方式来教育我们的,或许只是因为我们自己感到压抑或疲惫而迁怒于孩子,但是,孩子不会从批评中悟出鼓励。对于一个孩子来说,批评更像个人攻击,他们会选择防守,放弃合作。特别是年龄小的孩子,他们会以为不被接受的是他们自己,而不是他们的行为。

我们依然可以告诉孩子我们不喜欢他们做什么事情。只要花些时间考虑一下我们的话会带来什么样的效果,我们就能找到不伤害孩子自尊的措辞。无论发生什么事,我们必须要让孩子知道,即使他们犯了错误,也还是好孩子。

好父母
才是好老师

威廉的爸爸一听到声音就知道发生了什么事。他从厨房里走出来,来到客厅的窗前,看见地上到处都是碎玻璃,他八岁的儿子一脸惊恐地傻站在窗外,脚边扔着棒球棒,棒球则掉在了客厅的地板上。

"现在你明白了吧,为什么规定'不许在房子周围打棒球'。"爸爸问道。

威廉低下了头:"我明白,爸爸,我刚才一直挺小心的。"

"不对,威廉,我们的规定和小心不小心没关系。"爸爸语气坚决,"我们规定的是距离。"

"对不起。"威廉说,他希望快点结束这场讨论。

爸爸严肃地看着他:"好吧,咱们先查一下修这扇窗户要花多少钱,然后再算算你需要攒几个月的零用钱才能付清。"

威廉听了爸爸的话,才慢慢意识到打碎玻璃的后果。爸爸看出儿子有些垂头丧气,又对他说:"你知道吗,我像你这么大的时候,我也打碎过玻璃,你爷爷也是让我赔的。"

"真的吗?"威廉认真地听着。

"那次也扣了我好长时间的零花钱。"爸爸说,"我可以告诉

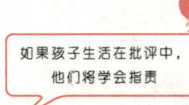

如果孩子生活在批评中，他们将学会指责

你，从那以后我就再也没打碎过玻璃。快去把笤帚和簸箕拿来，我们一起把玻璃扫干净。"

过度的斥责和惩罚只能造成亲子间的疏远。人人都会犯错，意外也时常发生。在这样的时候，对孩子有益的建议能帮助他们从错误中吸取教训，分析自己的行为与后果之间的联系，并且考虑下次如何改正。

唠叨也没用

或许我们还没有意识到，习惯性的唠叨和抱怨是一种隐性的责备。唠叨的言外之意就是"我知道你肯定忘"，或者"你肯定做不好"。这无论对孩子还是对我们成人都毫无益处。即使是年龄小的孩子，也很快就会对车轱辘话听而不闻，十几岁的孩子就更是出了名的"耳背"，戴不戴耳机都会装聋。

积极的引导比唠叨有效。有一个简单又有效的办法可以摆脱口头禅"别忘了……"，我经常把它介绍给周围的父母们。那就是强调记住，而不是忘记。告诉孩子你希望他们记住什么。

> 好父母
> 才是好老师

比如——

我们可以说"记住把你的袜子放到盛脏衣服的篮子里",而最好不说"别把你的脏袜子东丢西丢"。

可以说"记住,这个娃娃只能在家里玩",而不说"别把这个娃娃带到外边去玩"。

这种正面的语气非常重要,无论在任何地方,对任何年龄的人都会产生良好的效果,尤其是对于那些刚开始认知家庭生活的小孩子。首先,给予他们肯定,如:"你真是妈妈的好帮手!知道自己收拾积木。"——运用这样的正面评价,你就可以让孩子了解你的期望,并且给予孩子更多的鼓励。

和唠叨一样,抱怨也不能起到任何积极作用。之所以抱怨,是因为只看到困难、匮乏和失望,却不寻求解决办法。没有人希望我们的孩子学会以消极的否定性思维去看世界,或者一遇到难题就只知道抱怨。我们应该用行动代替抱怨,尽可能地开动脑筋,寻求多种有创意的解决方法,带动孩子与我们一起思考。

数一数你每天要发多少牢骚。很可能我们发的牢骚之多,足以令我们自己吃惊,无论是关于你的工作状况,还是关于你

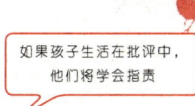

如果孩子生活在批评中，他们将学会指责

周围的人，甚至只是关于天气。虽然我们每个人都会有需要发泄的时候，但请记住给自己装一个"停止抱怨"键，以免牢骚泛滥。

最糟糕的是在孩子面前抱怨我们的配偶。置身于这样的家庭分歧中，他们就会考虑自己是应该站在爸爸这一边，还是妈妈那一边。这样的选择只会折磨孩子的内心，因为不管爸爸还是妈妈，都是他们最信赖的人。同样，抱怨孩子的祖父母也会令孩子处于进退两难的境地。我们谈及对父母或是配偶父母的不满时应该避开孩子，以免破坏祖孙间的感情。对于家族中的不和，孩子会非常敏感。不要让我们的抱怨给幼小的孩子带来心理负担。我们应该尊敬、善待家族中的每一个成员，让孩子从中学会怎样建立人际关系，了解如何与人共处。

孩子也是我们的老师

孩子不断地从我们身上学习的同时，我们也能从他们身上学到很多东西。一个朋友有两个儿子，一个七岁，一个八岁。一天

> 好父母
> 才是好老师

晚上,他们一家从外面回来,朋友让孩子们快下车,回家马上上床睡觉。可是和往常一样,两个孩子谁都不想睡觉。当他们走近房子的时候,小儿子问道:"我们能看一小会儿星星吗?"

父母停下了脚步。他们可以说,"你就是爱拖延时间。别添乱了。太晚了,该睡觉了",但是他们没有那样做。那天晚上他们在外面待了几分钟,一起欣赏了夜晚的星空,星光也洒在了孩子们纯真的脸上。

孩子们的看星星与成年人有着本质的不同。成年人只是完成看、看见的过程,而后迅速转向下一个任务,而孩子看星星是满怀着好奇和猜想的。用孩子教给我们的崭新视角去认识世界,就会使我们的家庭生活充满活力,让我们和孩子在其中一起学习成长。

如果孩子生活在敌意中，
他们将学会争斗

> 好父母
> 才是好老师

没有人觉得自己是个充满敌意的人。我们都不喜欢暴力，特别是每当家庭暴力事件成为头条新闻的时候，都令我们触目惊心。殊不知，在我们自己的家庭里或许就潜伏着不被觉察的怨恨。它慢慢渗透，威胁着家庭的安定，而且说不定哪天就会突然爆发出来。

历史为我们提供了许多敌对和战争的事例。在这个星球上，战争每时每刻都在发生。在我们自己的国度里，我们每天耳闻目睹着仇视性犯罪、家庭暴力、黑社会的争斗等等，孩子则置身于无数电视电影里的争斗、暴力场面之中。一些孩子甚至已经有了亲身体验，这些纠纷就发生在兄弟姐妹之间、同学之间、路人之间、行车人之间、邻里之间。孩子还有可能看见或听见父母与他们的配偶、老板或是邻居争吵。

生活中充满敌意会使孩子感到不安。有的孩子会变得强硬，时刻准备着接受挑战，甚至自己去找麻烦。有的孩子则被吓坏了，他们会设法避免各种形式的冲突，即使是些小的分歧。在任何一所小学的操场上，你都能看到这两种孩子。

家庭中攻击性的行为模式会让孩子以为争斗是必要的，是一

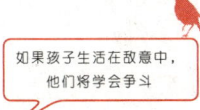

如果孩子生活在敌意中，他们将学会争斗

种解决问题的方法；孩子会以为生命就是一场战争，如果他们不去斗争就得不到公平的对待，只有斗争才能生存。这不是我们所希望的。我们解决分歧和处理家庭矛盾的方式方法就是孩子学习的平台，在那里，他们学习如何解决冲突，决定应该通过破坏性的敌对和争斗，还是应该通过有建设性意义的对话和协商。

乌云滚滚

几乎每天都有一些鸡毛蒜皮的小事搅得我们烦躁不安。心中的失意不断积累，不用什么大事，一件极小的事都可能成为导火索使我们大发雷霆。特别是在经过了漫长的一天，又累又饿地回到家的时候，心中的压抑就更容易爆发出来。

这一天，四岁的弗兰克在幼儿园里过得不太开心。他没轮上玩电脑，他觉得老师对他不公平，而且爸爸因为办公室有急事很晚才去接他。

在回家的路上，爸爸已经很累了，心里又着急，还惦记着别的事，但是爸爸还是强打起精神，装作兴趣十足的样子，问儿子：

> 好父母
> 才是好老师

"今天在幼儿园过得怎么样?"

"还行。"坐在汽车后座的弗兰克随口回答,木然地望着窗外。收音机里正在播着新闻,车流很慢。

当他们回到家时,妈妈正在厨房里风风火火地给一家人准备晚饭,吧台上的小电视里播音员飞快地播报着新闻。每个人都很饿。弗兰克脱下夹克,却不小心把放在吧台上的饭盒碰到了地上,饭盒里的苏打饼干渣掉得满地都是。

这样的情景太常见了,很容易想象接下去会发生什么。很多时候,繁忙使我们无法顾及周全。当气氛紧张,而我们又陷于烦躁、不满、苦恼和愤怒中时,能否疏导自己的不良情绪,从而化解心中的压抑就成为关键。这些"小"情绪一滋生,我们就必须关注并且巧妙地疏导,否则日积月累,"小"情绪就会"大"爆发——起初是压抑心中的怨气,最终在某一决定性的时刻,愤怒彻底大爆发。幸运的是,今天弗兰克的妈妈成功疏导了心中最先涌起的恼怒,把事情处理得很好。

妈妈递给弗兰克一个小簸箕和笤帚,说:"没关系,宝贝,你用它们弄干净吧。"待她把鸡肉放进烤箱后,她来到弗兰克身旁,

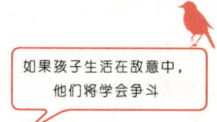

如果孩子生活在敌意中,他们将学会争斗

蹲下身鼓励他说:"你扫得真干净。来,我帮你把剩下的渣子扫完。"她拿着笤帚把剩下的渣子扫进弗兰克拿在手里的簸箕里。弗兰克紧绷的脸终于放松下来,流露出一个感激的微笑。

我们都能轻而易举地想象出另一种截然不同的结局——在弗兰克碰掉饭盒后,他可能会恼羞成怒地大叫:"我讨厌这个饭盒!我讨厌幼儿园!"妈妈可能会因为这个意外责怪爸爸,对爸爸喊道:"我正做饭哪!你把孩子接回来往我这一放就不管了啊?"或者批评弗兰克,训斥道:"又添乱!你就不能小心一点?"

当心中的压抑开始积聚,就把它说出来。即使只是说给自己听,也会轻松得多。孩子会观察父母如何调节自己的不良情绪,特别是烦躁逐步升级为敌对,最后甚至发展到争执时,父母疏导、化解的方式,将成为孩子的行动指南。有趣的是,我们或许反而能从小孩子身上学到放松紧张情绪的方法。孩子做一件事情做累了,就会自然而然地停下来,转向其他消耗体力的游戏——奔跑、画画,或者和洋娃娃玩过家家,这些都是他们本能地消除失意的方法。不需要大发雷霆,只要活动一下筋骨就可以化解我们的愤怒,你可以选择出去快步走走,松松花园的土,或者洗洗车。如

> 好父母
> 才是好老师

果没有时间，就借鉴一下我们祖母的办法，仅仅靠调整自己的呼吸就能起到很好的效果。深深地吸一口气，数到十再呼气，反复数次。这样做的目的就是让紧张的神经放松，恢复平静的心态。这个方法不仅可以帮助我们自己放松，还可以用来教给我们的孩子。

对于那些无法通过玩耍消除精神紧张的孩子，我们可以教给他们一个联想的游戏。比如，今天弗兰克在幼儿园里过得不愉快，他的妈妈或者爸爸可以问他，"你觉得今天在幼儿园里的你像个什么小动物啊？"他可能回答，"像只不高兴的狮子。"父母还可以接着问他现在在家里他觉得自己像什么动物，他或许会出色地回答说："我现在是一只抱上去会很舒服的小狗。"这个回答就会让父母明白，弗兰克此时需要的是他们紧紧的拥抱和抚慰。

驱散乌云

孩子与大人一样，有权利认知和表达他们的感受，其中也包括愤怒。但是这并不意味着有权干扰、伤害他人，或者毁坏他人

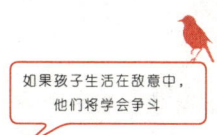

如果孩子生活在敌意中，他们将学会争斗

的财物。某些行为，包括打、踢、咬和推都应该明令禁止。小孩子尤其需要我们帮助他们学会如何用语言表达自己的感情，而不是诉诸武力。作为家长，我们既要理解、尊重孩子的挫折感，同时也要坚持原则，制止孩子的出格举动。要兼顾这两个方面确实很难。

　　一个下午，九岁的泰莎和来家里玩的小朋友吵了起来。妈妈出来打断了她们："你们俩都别吵了！对朋友发脾气可不是好孩子。"

> 好父母
> 才是好老师

晚上，妈妈因为泰莎没刷牙而大喊大叫的时候，泰莎回敬妈妈说："对女儿发脾气可不是好妈妈。"妈妈快被气疯了。

如果妈妈能平静片刻，做一个深呼吸，她会明白泰莎并不是在模仿她或试图破坏母亲的权威。泰莎只是觉得妈妈的所作所为是矛盾的。她想弄明白，是否只有大人能发脾气，而孩子却不能，还是只有别人能对她发脾气，而她却不能对别人发脾气。她的疑问提醒了我们：我们不希望孩子以双重标准来对人待己。

我建议父母让孩子自己说出他们的感受。以询问孩子代替父母描述就是一个好办法。比如，问孩子"有什么事让你不开心吗"，或者"有什么事让你不安吗"，而不是说"我知道你正为……生气"；随后还可以问他们"怎么做才能让你觉得好过一点呢"，这样可以帮助孩子整理自己的心情，找到更多的解决途径。

来自我们自身的乌云

身教胜于言传。我们如何处理自己的烦躁、敌对和恼怒会成

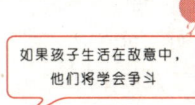

如果孩子生活在敌意中，他们将学会争斗

为典范，比告诉孩子应该怎么做更能给他们留下深刻的印象。我们既不希望把自己的坏情绪强加给孩子，也不想假装我们不会生气。无论在任何情况下，我们都要诚实，因为即使我们想方设法去掩盖我们的怒气，孩子也能觉察到。

一周紧张的工作刚刚结束，星期六一大早，萨姆的妈妈就开始忙着收拾房间。九岁的萨姆注意到妈妈仿佛跟沙发靠垫有仇似的使劲地摔打着它们，就问：“你是生我的气了吗？”

妈妈被萨姆出乎意料的问话打断了，努力装出若无其事的样子说："没有，宝贝，当然没有。"

萨姆出去玩了，他有些困惑，不明白妈妈怎么了，也不知道该怎么做。他妈妈应该坦诚地告诉他："对，我很烦。我不希望客厅里到处都是你的玩具。光收拾客厅就够我忙的了，还要先把你的一大堆东西搬回你的房间。请你帮我把这些玩具拿走，好吗？"这样萨姆就知道自己的观察没有错，妈妈确实生气了，他也会了解妈妈希望他怎么做。

孩子还需要了解父母之间也会产生矛盾，也需要解决他们的分歧。有一天，七岁的卡拉半夜里醒了，听见父母在争吵。她很

好父母
才是好老师

害怕,蜷缩在被子里,过了好一会儿才又睡了。第二天早上,爸爸知道卡拉听见了他们的争吵后,向她解释说:"昨天夜里你妈妈和我讨论家里的钱的问题,有一件事我们的看法不同。把你吵醒了,对不起啊。"

知道父母确实争吵过,但并不会影响他们的关系,对于卡拉来说,这非常重要。爸爸还可以进一步解释:"虽然我们意见不同,但是我们已经想出了一个好办法。如果这个办法不行,我们还会想其他办法。"这样的解释会帮助卡拉懂得每个人都有与人争吵的时候,但这并不意味他们不相爱了。她还能学到,不是所有的决定都是那么容易做的,做决定之前,会遇到各种各样的意见,或许还需要多次尝试。我们不必对孩子隐瞒,在生活中难免与他人发生摩擦。我们应该把这些看似"不愉快的小矛盾"变成教育孩子的好机会,教给他们生活中的重要技能——折中与协商。这无疑对孩子的现在和将来都有益处。

> 如果孩子生活在敌意中，
> 他们将学会争斗

晴间多云

对于我们大多数人来说，敌意的产生和消失就像多云的天气。与天气一样，失意的心情会突然冒出来，我们无力完全控制。只有真正了解了自己的反应，才能弄清这些感情是如何推波助澜的。关键在于我们如何对待自己的愤怒，做得越巧妙越积极，敌对情绪升级激化的可能性就越小。争斗只会导致更多的争斗发生。

最具讽刺意味的是，相对于熟人、朋友或者陌生人来说，我们更容易跟我们爱的家人发脾气。所以在这些情绪产生时，及时、尽早地疏导、控制它们就显得尤为重要。毕竟，生气比愤怒要好处理得多。

我们没有必要成为孩子完美的榜样，知道这一点很重要。人有时难免会发脾气，如果我们能够承认并检讨我们的错误，而且为我们的所作所为道歉，我们的孩子就能从中学到极为重要的一点：妈妈和爸爸也还在继续学习处理自己感情的更好方法。这对我们的孩子来说是一个很好的示范，告诉他们愤怒不是需要抵抗的敌人，而是需要灵活掌握的能量。怎样处理这一能量，怎样疏导它，都关系到我们自己和全家人的身心健康。总之，我们每天的一举一动造就了我们的家庭模式，而我们的孩子会继承这种模式并传给他们的下一代。

如果孩子生活在恐惧中，
他们将学会畏惧

{ 好父母
才是好老师 }

孩子喜欢刺激,他们喜欢鬼怪游戏,恐怖故事和恐怖电影都令他们兴奋不已。我记得上小学的时候,每个星期五的晚上我都要去朋友家,关上灯,围在收音机旁,收听一个叫《巫师的故事》的节目。若在现在听来可能有些乏味,可当时真把我们吓坏了。最艰难而且最刺激的部分就是听完节目回家时,尽管天已漆黑,还要装作一点也不害怕。虽然我们知道我们绝对安全,而且很快就能到家,回到我们温暖、明亮的家,但我们还是体验过肾上腺素快速分泌,甚至害怕得心脏快从嘴里跳出来了,边走还边想阴影里会隐藏着什么。

生活在真正的恐惧中则截然不同,无论是肉体上的暴力威胁,还是精神上的辱骂、抛弃、重病,或者是被周围人欺负,或者是床下妖怪的传说。整天面对真实的恐惧会摧毁孩子的自信和最基本的安全感。

孩子惧怕什么

孩子们所谓的恐惧常常会令父母大吃一惊。他们从心底里惧

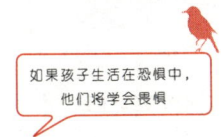

如果孩子生活在恐惧中，
他们将学会畏惧

怕的东西，大人却会视而不见。可能是一条邻居新养的狗，或者只是一棵长满枯枝的老枫树，甚至一些夸张的表达方式也能令他们胆战心惊。

我认识的一个三岁的小女孩曾经问她妈妈："妈妈，你真的会散架吗？你刚才是那么跟凯西阿姨说的。"

有时年幼的孩子只会理解字面意思，妈妈此时应该向孩子解释自己话里的意思，把"散架"这个词的不同用法告诉孩子，并给她一些安慰和一个温暖的拥抱。

无论是什么原因，如果你的孩子感到害怕，请一定要认真对待。恐惧就写在这些小旁观者的眼睛里，我们应该尝试以孩子的视角看世界。"别傻了"、"没事的"、"别怕"、"别那么胆小"、"你都这么大了"，这样的话只会让孩子把恐惧埋在心里，而且越陷越深。

在我的育儿课堂中，参加者们经常问我："怎样才能分辨孩子是真害怕，还是只想引起大人的注意？"答案是：我们无法分辨。尽管父母不应该过度地被孩子的情感需求所控制，但与需要食物和住所一样，孩子对于被关注的需求也是理所当然的，许多时候

> 好父母
> 才是好老师

孩子是既感到恐惧又需要被关注。

三岁的亚当就是一个好例子。他们一家人刚刚搬进了新家，他开始上幼儿园了，他的小妹妹刚出生。这些新的变化对父母而言都是喜事，而亚当从听到这些消息的那一刻起，就觉得世界末日到了。他觉得自己的生活被完全打乱了。一天晚上，妈妈出门了，亚当来到爸爸跟前提出了一个不寻常的要求。

"爸爸，我怕，你要保护我。"他说着哭了。

一般的爸爸的回答可能是："保护你？为什么？你现在是哥哥了，你不应该害怕。"然后让亚当自己回床上睡觉。

亚当的爸爸却不是这样做的。

"保护你？好啊，没问题。"他回答说，"来，到爸爸这儿来，咱们在一块儿就安全了。"爸爸体贴的话语和身体的接触给了亚当极大的抚慰，使他能挺过这段艰难时期，继续向前。

非常神奇，即使是大孩子的恐惧，父母也能轻易地帮他们赶跑。有一对小哥俩，一个六岁，一个八岁，他们时常担心阁楼上会有幽灵。于是，他们的妈妈把一把旧扫帚放在她的衣柜里，好在幽灵现身时派上用场。当惊恐的孩子们冲进妈妈房间的时候，她

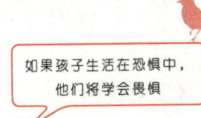

> 如果孩子生活在恐惧中，
> 他们将学会畏惧

就会沉着地从衣柜里拿出扫帚，一边用力挥舞一边大声尖叫，跑遍整个房子。看她那神情，仿佛挥舞着一件威力十足的武器。孩子们就跟在妈妈后面跑，高兴地笑着，他们确信妈妈已经把所有的恐惧都从家里赶走了。

当魔法失效时

当然，我们也有无法神奇地消除孩子的恐惧的时候。当一个家庭面临真正的危机时，不是一个挥舞扫帚的妈妈，或是一个紧紧的拥抱就可以消除孩子的恐惧或悲伤的。孩子最怕的是家庭的基础结构遭到毁坏，或者生活节奏被打乱。他们依赖于稳定的家庭生活节奏，当危机产生，他们会觉得自己的世界就要毁灭了。

除了父母某一方去世，在孩子心中，最害怕的事情就是父母离异。很多孩子担心父母会离婚，无论这种担忧有没有依据。只要听到父母一方抱怨另一方，孩子心里的担忧就会加剧。隐含在这种担忧之下的是孩子怕自己被抛弃的心理。孩子认为只要父母一方离开这个家，就意味着他们也将离开自己。

> 好父母
> 才是好老师

在父母离婚的过程中，孩子会觉得自己的生活完全失控了。无论父母双方多痛苦、多沮丧、多恼怒，都要首先以孩子为重，尽管这做起来很难。当孩子难以避免地被夹在父母中间时，父母就应该宣布停战了。说起来容易做起来难，特别是当双方都在气头上，吵得不可开交的时候。但是，这也正是孩子最需要安全感的时候。父母要让孩子明白无论发生什么，你们永远是他的父母，你们会永远照顾他。

孩子能感知所有的家庭危机，尽管他们还不谙世事。六岁的琳恩无意中听到爸爸有可能失去他的工作，就非常害怕。她怕全家会没地方住，没东西吃。爸爸向她解释："我们会找到解决的办法。或许我们可以先节省一点，不过不用担心。"爸爸的话使琳恩勇敢起来，她还为了这个家尽了她的力，她说："我不需要新运动鞋了，反正现在不要。"

对孩子的过度担忧会产生消极影响

孩子会吸收父母的担忧，我们却往往毫无觉察。我们需要想

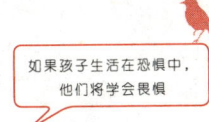

如果孩子生活在恐惧中，他们将学会畏惧

一想自己是否经常说"恐怕……"，或者"……可能不行"，或者"我担心……"。如果孩子总是置身于这种语言环境中，他们就会忧心忡忡，消极的想法很快会导致恶性循环。人会陷入这种消极的漩涡，就像人们常说的"越往坏处想，事情就越往坏处发展"。

不幸的是，当今的父母对孩子的担忧比任何时代的父母都要多。我们进退两难，既要想方设法地保护他们，警告他们远离危险，又要避免灌输给他们不必要的焦虑。比如，我们希望孩子远离陌生人，但是并不希望孩子以为所有他们不认识的人都是坏人，都会伤害他们。我们希望孩子总在身边，总在我们的视线范围内活动，但是又不希望孩子一离开我们就感到不安。既让孩子充满自信，慢慢地学会独立自主，同时又不让他们受到伤害，这是件很难的事。

这个问题没有一个简单的答案。父母必须根据孩子的年龄定夺如何回答他们的问题，给他们的独立界定范围。四岁的艾莉森问妈妈可不可以去公园玩，考虑到公园里会有陌生人，妈妈冷静地说："可以，艾莉森，妈妈和你一起去，妈妈看着你。"而十岁的肯宣布要一个人走着去上学的时候，他的爸爸妈妈不得不权衡一

> 好父母
> 才是好老师

下他们应该首先考虑孩子在路上的安全,还是优先培养在孩子心中开始萌发的独立意识。

　父母们的另一种担忧是害怕孩子会重复自己儿时的失败。但是过分干涉孩子只能适得其反。卡尔的爸爸是个棒球球迷,从他妻子到教练到七岁的儿子,大家都觉得他的痴迷程度让人受不了。这位爸爸向我吐露了他的担忧:"我像卡尔这么大时打得不太好。我记得常常坐冷板凳,心里非常难过。我怕同样的事会发生在卡尔身上。"

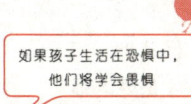

如果孩子生活在恐惧中，
他们将学会畏惧

卡尔需要做的是发掘自己的运动能力，没有必要为爸爸的失败经历而承受精神负担。简而言之，爸爸需要退一步，让孩子能积累自己的经验。我们必须记住，孩子不是我们的翻版，他们有权利感受自己的悲伤。

倾听孩子的话语

孩子的生活环境与我们不同，他们不会把自己生活中的每件事都告诉我们。父母很可能觉察不到孩子每天为什么事而感到恐惧。比如，许多孩子每天受到学校的同学、邻居的孩子甚至兄弟姐妹的威胁，被欺负，被要挟，被起外号，或者被捉弄。年纪小的孩子可能不知道如何表达他们的恐惧和难过，年纪大的孩子可能觉得他们应该自己去应付，而我们需要做的是，拿出时间来询问孩子平时与其他孩子相处得如何。

五岁的安德鲁的妈妈经常问他："今天幼儿园里发生了什么事？"（这样问，比问"今天幼儿园怎么样"能获得更多的信息。）

"乔伊抢走了我的卡车，是我先开始玩的。"

> 好父母
> 才是好老师

"后来呢？"

安德鲁低下了头，小声嘟囔说："没什么。我不知道。"

此时，妈妈意识到乔伊欺负了她儿子，她想帮助安德鲁找到一个解决问题的办法。"我想，乔伊抢走了你的卡车，你肯定很不开心。你觉得该怎么办呢？"她问安德鲁，想借机给孩子一个思考的机会，想想遇到这样的问题时有什么好办法。

安德鲁回答说可以夺回卡车，告诉老师，玩别的玩具，躲开乔伊跟其他孩子玩。根本不需要妈妈教他应该怎么做。妈妈要做的就是听孩子说，启发孩子找到更多的解决办法，不让孩子用"没什么"来敷衍了事。问孩子"你希望当时是什么结果"，也是有效的。

安德鲁会回答："应该让我玩卡车。"

孩子一旦明确了自己想要什么，就会开始制定自己的计划。"明天早上我要先去拿卡车，如果乔伊要抢，我就告诉他'不行'。"

许多年龄小的孩子都会惧怕新环境。第一天上幼儿园，第一次看牙，第一次坐飞机，都会使孩子不安。慷慨地拿出我们的支持和鼓励，就可以帮助孩子渡过每一个难关。表达出我们对孩子的信心，更是培养孩子自信的好办法。不信，下次你就对孩子说：

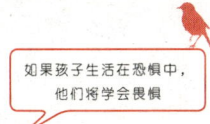

> 如果孩子生活在恐惧中,
> 他们将学会畏惧

"你会做得很好。我知道你能行。"看看孩子会是什么样的表情。

在太小的孩子经历"第一次"之前,帮助他做一些额外的准备也是有帮助的。比如开学前去参观一下新幼儿园的教室。在桑迪看遍教室的每个角落后,妈妈问她:"你在教室里想做的第一件事是什么呀?"

"喂鱼。"桑迪毫不犹豫地回答。看来她已经开始想象自己上幼儿园以后的生活了,她已经有了一个很大的进步。

还有一些孩子的恐惧来自电视。新闻、电影、广告、电视剧,无处不充斥着暴力。年幼的孩子无法区分现实和虚构,而无论是现实还是虚构,都应该避免让年龄小的孩子收看这些节目。一些大孩子在电视上看到事故、创伤、暴力和谋杀也能从容应对,但是多数孩子看到这样的影像会感到悲伤、困惑。我们应该根据每个孩子对电视暴力的处理能力,挑选适合他们的电视节目。

父母也有害怕的时候

作为父母,我们希望自己坚强。我们希望孩子因为有我们的保

> 好父母
> 才是好老师

护而有安全感。但是我们也要有勇气承认自己有弱点，有时候就像《绿野仙踪》里胆小的狮子。我们都会时不时地感到恐惧，关键在于如何表现并对待它。知道父母也会害怕，有助于孩子了解我们也是普通人，并不十全十美，有时候也同样需要支持和安慰。当孩子给你一个紧紧的拥抱，用他（她）小小的手拍打你的后背时，你会感到无比的幸福，得到无上的慰藉。

八岁的菲比知道妈妈要去医院，妈妈看上去有些不安。菲比没必要也不可能了解所有的细节，因为这对她来说很难懂。但是那天早上上学前，当妈妈过来跟她拥抱道别时，菲比回应给妈妈一个紧紧的拥抱。妈妈感觉出这个拥抱的不同，她惊讶地看着菲比说："菲比，谢谢你的安慰。"

孩子通过观察我们的做法来学习如何对待自己的恐惧。既要让孩子看到我们会从伴侣、朋友和家人那里寻求或大或小的支持，同时也要让孩子看到我们反过来回报以相应的支持和安慰。我们如何在困境中识别自己的感情并找到积极的解决办法，将会成为孩子的行为范例，当他们面临危机时可以拿来参照。

如果孩子生活在同情中，
他们将学会自怜

{好父母
才是好老师}

陷入自怜就像陷入沼泽，往往越陷越深，被一种不可思议的力量卷入挫败与无助的深渊，唯一的希望就是有人陪伴并得到救助。

沉浸在这样的情绪中做什么都不会成功。如果我们一味地怜悯我们的孩子或者自怜，就等于教会孩子自怜。自怜会使孩子与首创精神、坚韧不拔和热情无缘，给孩子带来消极情绪，使他们时常感到无助和遗憾。

我们希望孩子思维活跃，能够发掘自身的潜在能力，能够在有需要的时候向他人寻求帮助。为了给孩子树立好榜样，我们必须先在自己的生活中努力做好，面临挑战时发掘自己的潜力。或许不能十全十美，或许不能每时每刻，但是我们的努力足以教导孩子，在面临挑战的时候调动他们内在的力量。我们也要相信孩子，相信他们在遇到困难时能够随机应变。

换换心情

我们都有感到失意的时候。特别是工作量过大而又不被认可

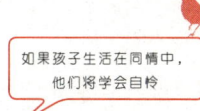

如果孩子生活在同情中，他们将学会自怜

的时候，仿佛生活完全脱了轨。我们会自问："为什么不幸的总是我？"如果不注意，自怜就会形成一种思维模式，使偶尔的闷闷不乐变成完全的无可救药。我们的视野也会变得狭隘，只能看到证明"我真不幸"的事情，陷入自怜与无助的漩涡。

一旦发现自己陷入了这样的困境，就需要换换心情，停止考虑目前的困难，试着做些别的事情，随便什么事。我建议父母们骑骑自行车，散散步，或者只是想象自己去喜欢的地方旅行。我的学生凯特向我介绍了她的切身感受。"我当时觉得自己就像一块抹布，又脏又破，没有人会在意。"她说，"照顾三个孩子令我身心疲惫，丈夫工作又忙，回到家已经精疲力竭。我总是生气、郁闷，尽管我不想那样。于是我决定试试冥想，正像我们在育儿课上讨论过的那样。我闭上眼睛，第一个出现在我脑海里的事情，是我需要掌声。我想象自己站在一座巨大的体育场的中央，看台上坐满了观众，他们为我鼓掌，欢呼：'凯特，你真棒！'我自己也开始鼓掌，想起了一首老歌：'二四六八，谁做得好？凯特！'我冲着厨房的墙大声地唱。"

"我意识到我需要拉近与丈夫的距离，希望孩子能看到我为他

> 好父母
> 才是好老师

们所做的一切。我需要被关注。我为每个人烤了他们最喜欢的点心，放在碗柜上，旁边醒目地写上：'凯特真好。如果你同意，给我一个紧紧的拥抱。'不用说，这一举动大大地促进了家人间的交流。我得到了我想要的拥抱，丈夫和我还决定下个周末把孩子放在姨妈家，两个人出去度周末。要说这个办法改变了我的生活或许有点夸张，但它确实让我摆脱了'我真不幸'的怪圈。"

不仅凯特本人从中获益，同时她也给孩子做了一个好榜样，告诉孩子在遇到困难时要积极地寻求解决办法。而且她还争取到和丈夫独处的时间，这对维护并增进夫妻关系是极为重要的。家庭里的每一个成员都会受益于来自其他成员的肯定。

"你不知道你有多幸运"

在"我真不幸"的模式中，较为常见的一种是父母把孩子的生活与自己儿时的记忆做比较。十一岁的朱迪丝听得太多了，妈妈一开始唠叨，她就知道又要忆苦思甜了。先是说自己像朱迪丝这么大时的生活，然后转到现在朱迪丝什么都有，是那么幸运，可根

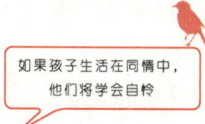
如果孩子生活在同情中,
他们将学会自怜

本不知道父母工作有多辛苦。这样的说教多数发生在车里,因为在那里,朱迪丝无处可逃。

朱迪丝妈妈的开场白总是:"现在的孩子认为什么都理所当然,一百美元的运动鞋根本不当回事。"

朱迪丝想不出应该怎样回答,缩在座位上,应付一声"嗯",而这只是她妈妈的热身而已。

"你肯定体会不了,我像你这么大的时候已经在打工做保姆了。每周三个晚上,加上星期六下午。我从没有过整天跟朋友疯玩的时候。"

朱迪丝叹了口气,忍不住了:"妈妈,我也没有整天跟朋友疯玩。我要做好多作业。"她停顿了一下,"估计比你做过的要多得多。"

这仿佛成了一场竞争谁更不幸的比赛。而妈妈并不是要比赛,也不想自怨自艾,她只是想告诉朱迪丝要对她拥有的一切心怀感激。但是她的话被理解为"我觉得嫉妒和遗憾,因为你有的好条件我没有",其间还蕴含着丝丝"你应该感谢我"的意味。所以每次妈妈一开始说这套话,朱迪丝就会不耐烦。

告诉孩子应该感谢父母,告诉周围的人你需要被肯定,本身

> 好父母
> 才是好老师

都没有任何不对。朱迪丝的妈妈去学校接她时，可以对她直说，"我很高兴能来接你，如果你能说声谢谢，我会更高兴。"只要明确地提出要求就不会陷入自怜。当然，我们无法保证孩子会有怎样的反应，但是只要明确、直接地表达出我们的愿望，那么实现愿望的可能性就会更大。

"我肚子疼"

孩子很容易怜惜自己，而且善于唤起父母的同情，从而得到父母的关注、拥抱和抚慰。

当特蕾西的妈妈准备送她去幼儿园的时候，四岁的特蕾西可怜兮兮地捂着肚子，呻吟起来："肚肚疼，我不想去。"

这对每个父母来说都很难办。特蕾西真病了吗？她应该在家休息吗？要不要去医院？或许她想逃避幼儿园里的什么人或什么事？她需要父母更多的关注？或者她只是想和爸爸或妈妈在家里静静地待一天？

特蕾西的妈妈不得不面对这个特殊情况，猜测女儿的心理。

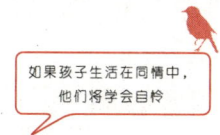

如果孩子生活在同情中,他们将学会自怜

最重要的是不让特蕾西以为只要装出一副可怜相,就可以得到想要的一切。

如果妈妈怀疑肚子疼是不愿上幼儿园的借口,可以这样问女儿:"如果你今天去幼儿园,会发生让你不开心的事吗?"还有,"如果今天请假,你想做什么","你希望今天怎么过",或者"你怎么做就能如愿呢",等等。

回答这些问题可以帮助特蕾西弄清楚自己到底想要什么,而不是鼓励"我真不幸"的态度。妈妈也可以通过这些问题了解特蕾西的生活。有时孩子装病是为了引起父母的注意。或许我们应该自问最近我们是不是太匆忙,超负荷,是不是应该停下来,充充电,多陪陪孩子。

孩子沉浸于自怜的另一种表现是说自己"不行"。它可以是孩子学习新技能时的最后借口和抵抗。孩子常对父母说,"我不可能满足你们的期望,我做不到。"然而实际上孩子的意思是"我不想做",甚至是"我不愿意"。

我们一旦中计,就会认同孩子的主张,即孩子没有能力。但是我们不想让孩子这么想。即使会有困难,我们还是要考验我们

> 好父母
> 才是好老师

的孩子，不理会他们的借口，不放弃对孩子的美好期望。同时，我们也要帮助孩子认识他们的不安情绪。

八岁的本被他的数学作业难倒了，他抱怨说："我不会做，这对我来说太难了。"

本的爸爸觉得问题很严重，但并没有予以同情，而是鼓励他继续努力。"记得去年你不会做数学题的时候吗？"爸爸说，"你去问老师，我们也一起做了一些。你那时候能做出来，这次也一定能做出来。咱们再一起看一遍。"

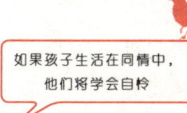

如果孩子生活在同情中，他们将学会自怜

当孩子气馁的时候，父母容易产生同情心。但这正是需要磨练孩子的毅力的时候，同情只能纵容他们沉浸在自怜之中。如果本的爸爸说，"好的，本，我知道那作业难。别做了，睡觉吧"，就只能把本推上"绝路"，让他觉得自己数学就是不好。我们要鼓励我们的孩子拓展视野，在众多学科和活动中培养各种能力。尤其重要的是，不要以为我们自己做不到的事情孩子也必然做不到。如果本的爸爸数学也学得不好，他就有可能放松对本的要求。这对本显然是不会有好处的。

父母们往往很难判断什么时候应该向孩子伸出援助之手，什么时候应该让他们自己想办法。有时候，父母的帮助会变成阻碍；有时候，孩子需要独立地完成某些任务来建立自信；但是有时候，不帮孩子又会伤害他们。当孩子遭受挫败时，往往需要父母的介入，要鼓励他们，让他们重新树立信心，绝不能讽刺挖苦。有时把孩子领上起跑线就是最好的帮助，让他们自己去完成，鼓励他们找到自己的解决办法。

怎样帮助孩子，什么时候帮助孩子，帮还是不帮，父母们面对这些问题的时候，应该具体问题具体分析。孩子的需求和能力随着他们的成长而变化。同样的行为,对三岁的孩子来说可能是帮助,但是对五岁的孩子来说可能就是障碍。我们必须学会适时介入,适时抽身,由始至终地鼓励孩子。让孩子记住无论做什么,都要不断地努力,学习的过程也是一样,这一点非常重要。

直面逆境的勇气

让我们在这里思考一下"同情"的问题。我们往往对可怜的人产生同情,但悲剧一旦发生,同情也于事无补,因为同情是一种与他人保持距离的情感。我们在同情受害者的同时,会为自己的幸免于难而感到庆幸,甚至可能产生优越感。

相反,体恤则会拉近彼此的心,设身处地地了解对方的感受。体恤也包含着同情,但是会自然而然地让我们思考如何帮助对方。

悲剧的一个特别之处在于通过它可以透视出人性中最伟大的东西。不幸的人往往具有令人难以置信的力量和勇气,令我们为之动容。比如,残疾儿童经常教他们的父母如何面对生活,远比父母教给他们的要多得多。甚至连患有绝症的孩子都能战胜自怜

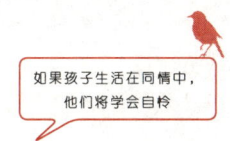

如果孩子生活在同情中，
他们将学会自怜

心理，尽管偶尔也会消沉，但是他们绝不会停滞不前。

十岁的苏已经处于癌症晚期，她每天穿梭于五年级教室与小儿癌症病房之间。她金黄的长发已经掉光了。但她并没有自怜，或是躲起来。在家人的帮助下，她尽可能地坚持过着一个普通的十岁孩子的生活。她戴上围巾，继续上学，做作业，和朋友们玩耍。在她还有体力的时候，她请来所有的同班同学举办了一个晚会。孩子们都玩得很愉快，苏也非常高兴。

如果苏的同学同情她，他们就不可能玩"追人"玩得那么开心了，追苏的时候也不可能像追其他同学一样那么快。并不是孩子们不知道苏的病情，也不是大家不同情苏。他们和老师商量过，他们决定尝试理解苏此时的感受，并尽可能地为她做些什么。他们开诚布公地讨论了苏的病情，了解了癌症晚期的含义，他们的结论是：单纯的同情没有用，和苏一起玩才是保护她，而不是把她排除在外。

解决问题，不要同情

十岁的詹尼斯重重地倒坐在客厅的沙发里，靠着妈妈抱怨

> 好父母
> 才是好老师

说:"梅丽莎的派对,我是唯一没被邀请的人。"

妈妈马上明白了她应该怎样做,她搂着詹尼斯耷拉着的肩膀,问道:"你是唯一没被邀请的吗?"

"哦,"詹尼斯承认道,"还有几个人不去。"

"那天晚上你打算怎么办?"妈妈问。

"我会闷闷不乐地在家里走来走去。"詹尼斯回答,严肃中带着好奇地看着身边的妈妈。

"那也是一种选择。"妈妈说,她没有陷入同情女儿的陷阱。

"我能邀请不参加晚会的女孩来家里住吗?"詹尼斯问。

"听上去很有意思。"妈妈回答,"你还可以烤你喜欢的布朗尼蛋糕。"

当孩子失望的时候,我们应该把他们往积极的方向引导。当我们和孩子谈论像这样的小危机时,完全可以帮助孩子做出好的选择。倾听他们的感受,提一些可能的建议(当然,能引导他们得出自己的结论更好),教他们远离自怜,坚持自主。相信孩子的潜力,告诉他们"你能行",会使他们更自信和自立,这就是鼓励,这比同情要有用得多。

如果孩子生活在嘲弄中，
他们将学会羞愧

嘲弄是残忍的。最糟的是嘲弄别人只为了自己取乐。"别当真，我只是开玩笑，这点幽默感都没有？"这样的狡辩使被嘲弄的人无言以对。被嘲弄者很难改变局面。如果他反抗，就会引来更多的嘲弄。如果他忍气吞声，他的自信就会被践踏。

孩子在面对嘲弄他们的人的时候往往不知所措，不知道应该化解，还是应该避开。就好像在开车时产生混乱，又扳手刹又踩油门。因为这样的冲突之中，孩子会变得犹豫、害羞，徘徊在偏僻的角落，尽量不引起别人的注意。

因被嘲弄而产生羞愧，进而导致的沉默寡言，与自然的、与生俱来的少言寡语是截然不同的。在新的环境里，这样的孩子需要更多的时间建立人际关系，这是他们的特点，我们应该包容。但如果孩子是为了躲避嘲弄而变得退缩、沉默，那就意味着他们需要我们的帮助。我们的任务就是倾听孩子的心声，了解情况，帮助他们找到解决问题的办法。

> 如果孩子生活在嘲弄中，
> 他们将学会着愧

欢笑还是嘲笑

嘲弄往往伴随着笑声，但两者并不是天生的伙伴。事实上，嘲弄可以看做是笑声的副本。与大家分享健康的、纯洁的笑声会使人感到精神上的安宁、身体上的放松，也有助于巩固友谊。但是嘲弄是取笑别人，嘲弄的笑声是建立在他人的痛苦之上的。孩子很难区分健康的欢笑和嘲弄的讥笑，特别是当我们看到卡通片、幽默剧和电影里别人倒霉的情景而大笑的时候，孩子就更加困惑。比如小丑走路撞到了墙，我们会咯咯地笑。我们要向孩子解释幽默剧与现实生活不同，在生活中我们不但不会嘲笑那些受伤或失败的人，相反会尽力帮助他们。否则，孩子不会懂得在别人陷入麻烦的时候加以嘲笑是错误的，当众人斥责遇到难题的某个人时，他们也会跟着斥责。

十岁的斯科特在一次棒球社区交流赛上就遇到过这样的情况。斯科特不是运动员，当轮到他打球时，对方球队的孩子们开始叫他的名字，好像在为他鼓劲。"斯科特、斯科特、斯科特……"他们喊着，声音越来越大。

> 好父母
> 才是好老师

一开始斯科特很高兴大家都来关注他。但是,他第一次挥动了球棒却没打着,第二次也没打着,他意识到那些孩子是在拿他寻开心。他先是有些不知所措,而后感到很生气。他再次挥动球棒,打出了界。当他们队退场时,他听到了辱骂声,此时的斯科特被羞辱得涨红了脸。他不知道自己是应该中途退出比赛,还是应该不理睬那些孩子,继续比赛。

嘲弄的笑声里充满了轻蔑。无论是大孩子还是小孩子,都会感到困惑。斯科特就没有马上发觉自己是在被嘲弄。他本来只是想和大家一起玩。当他意识到大家是在取笑他时,他很尴尬。因为一开始他丝毫没觉察到大家微妙的嘲弄,所以他现在感到困惑,不知所措。

如果经常遭受这种嘲弄,斯科特很可能会垂头丧气,变得缩手缩脚,不敢参加社区的比赛。单是纯粹害怕再次被嘲弄的这种心理,就足以让一些孩子与大家保持距离,甚至会造成孩子性格上的沉默或害羞。当孩子变得优柔寡断,恶性循环就已经在他的行为中形成了。其他孩子一旦发现这个孩子的弱点,就会对他更加挑剔,把他当做他们的笑柄。对于孩子来说,这无疑是一个痛

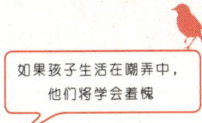
如果孩子生活在嘲弄中，他们将学会羞愧

苦的角色，融入一个集体的代价实在是太高了。然而如果承受不了，就只能选择孤独和寂寞。

孩子大多无法把类似的经历告诉父母。让他们承认自己曾是被嘲弄的对象，实在是件屈辱又尴尬的事情。也许他们觉得我们帮不上忙。确实，我们无法保护他们不受嘲弄，因为父母的调停只能让事态恶化。但是，我们可以支持孩子，鼓励他们击败嘲弄，找到真正的朋友。

有时候我们不得不承认我们的孩子是在嘲弄别人。承认自己的孩子也有残忍的一面并不容易。一个简单的警告——"不许那么说！"或者"太没礼貌了！"——不可能让孩子领悟其中的道理。下次孩子可能会小心提防，不让我们听见他们不友善的言辞。我们可以让孩子了解别人的感受，对他说："如果同样的事发生在你身上，人家也那样说你，你会怎样？"或者说："你对他说那些话的时候，看见他脸上的表情了吗？我想知道他的感受。"我们需要教给孩子体恤和友善。最好的方法就是和他们在一起，让他们感受到"我就在你身边，我理解你"。如果他们自己有了被体恤的经验，就容易做到满足他人的需求，友善待人。

好父母
才是好老师

父母的支持

你无法控制其他孩子怎样对待你的孩子，但你可以想办法帮孩子。孩子一旦成为被嘲弄的对象，就会有一些迹象出现。父母应该注意观察，孩子是否突然变得畏缩，或过度害羞，或没有安全感。如果他告诉你别的孩子老叫他的名字，侮辱他或者威胁他，一定要认真对待。只对孩子说"没关系"、"别在意"、"他们只是开玩笑"之类的话，根本没用。你要做的第一件事是倾听，鼓励孩子说出自己的伤痛和困惑。如果你的孩子在上学前班或是小学低年级，你可以告诉老师，请求老师援助。与老师交谈的目的不是为了斥责其他孩子，也不是为了给孩子寻求庇护，而是有计划地组建帮助孩子的团队。

九岁的克莱尔上四年级了，她经常被班里的一群女孩排斥、嘲弄。她的老师注意到她变得害羞又畏缩，使她有更多弱点被攻击。克莱尔每天睡觉时都会哭，每天早上都不想去上学，无奈的妈妈给老师打了电话，于是，她的父母和老师一起讨论了她应该如何应对现在的处境的问题。

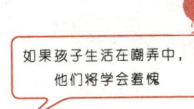

如果孩子生活在嘲弄中，
他们将学会羞愧

他们一起想出了一个协作计划。在学校，当克莱尔和那些嘲弄她的女孩距离缩小时，老师会温和而不动声色地示意克莱尔远离她们，靠近另一群能接受她的孩子。在家里，克莱尔的父母和她探讨真正的朋友应该如何相处，如何结交新的朋友。在父母和老师的帮助下，克莱尔学会了如何分辨真正支持自己的朋友，也学会了在其他孩子都不友善的情况下如何把握局面。

当我们自己嘲弄了他人

有时，经常是无意识的，我们自己也在嘲弄别人。我们可能对一个路人或熟人做出苛刻的评价，也可能拿朋友的事开玩笑。我们根本不觉得自己做了什么错事，因为我们在谈论一个陌生人，或者是一个不在跟前的人，但是如果我们的孩子在听，他们会认为可以说别人的坏话。

我认识的一位母亲曾经告诉过我这样一个故事——"在我们社区的购物中心里，经常有一位年轻女子站在拐角处朝驶过的汽车挥手。每次遇见她时，她不是在微笑就是在唱歌。一天，我从

> 好父母
> 才是好老师

购物中心出来,看见她又站在那里。走在我前面的那位母亲对她大约七岁的女儿说:'疯子女士又来了。'

"'妈妈,别那么说她。'小女孩显然很难过,接着说,'如果有人叫我疯子你会高兴吗?'

"经过她们身边的时候,我插话说:'我叫她快乐女士。'女孩听了好像放心了。

"母亲勉强笑笑,说:'我想她是看上去很快乐。'"

有时候,孩子是我们的老师。

家庭中的嘲弄

作为父母,我们有时会陷入嘲弄、讥讽孩子的误区,以为那样做会锻炼孩子的心理承受能力。不用说,嘲弄不利于孩子的性格发展。那样做顶多使孩子爱虚张声势,善于保护自己,无益于增强孩子的内心力量。

十二岁的皮特参加了社区的足球队,这个赛季他们队名列前茅。皮特的爸爸年少时曾是足球队里的主力。爸爸觉得皮特在球

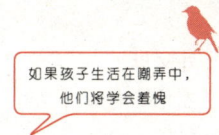

如果孩子生活在嘲弄中，他们将学会羞愧

场上不够主动，总想激励他一下。不幸的是，皮特却把训练时爸爸在队友面前的激励当成了羞辱。

"你在那边干什么呢？等着上茶哪？这边来，跟球。"爸爸从场外喊道。皮特点点头，咬紧牙关跑回场中，但是既生气又灰心的他已经无法集中精力训练了。

皮特爸爸的初衷是好的。他只是没意识到他的话是残酷的，让孩子在大家面前出了丑。他或许只是在重复他踢足球时别人对他说过的话，遗憾的是，他不但没帮到皮特，反而破坏了他和儿子的关系。

有一种更加充斥着恶意的嘲弄产生于兄弟姐妹之间，他们最善于通过讥讽、骂人和其他残酷的方法互相嘲弄。兄弟之间、姐妹之间都深知彼此的弱点，绝对有的放矢。

吉尔知道弟弟想和新搬来的小男孩成为朋友。他们都有滑板，年龄也差不多。于是无论什么时候看到他们在一起，吉尔就骑上自行车，大声喊："嗨，爱尿床的小孩，你昨天夜里尿床了没有？"

这绝不是一个善意的玩笑，它既残酷又具有杀伤力。在家里，

好父母
才是好老师

如果每天遭受这样的羞辱，孩子无疑会受伤害，他们会畏缩、害羞，不敢参加到正常的生活当中。家长必须关注兄弟姐妹之间的关系，特别是在父母不在场的时候。一旦问题发生就需要父母的介入，划清"可以"与"不可以"的范围，使家庭里的每个孩子都能在自己的家里感到安全与舒适。

家是孩子的避风港

每个人都可能被别人嘲笑或谩骂，我们也不可能让孩子在童年时代的成长过程中不受到任何嘲弄。但是如果我们的家能成为孩子安全的避风港，孩子就可以依靠这里，可以在这里做他们自己，承受最小程度的压力。另外，我相信那些承认自己也会犯错，并且知错必改的父母会为孩子创造出更温暖、更愉快的环境；孩子会明白即使他们犯了错，世界末日也不会降临。大人们也还在学习，他们也会自嘲。当所有家庭成员能在一起大笑，而不是嘲笑，那么羞怯就会消失。

如果孩子生活在嫉妒中，
他们将学会妒忌

嫉妒在英语里的另一个说法是"绿眼怪"。正如其名,绿眼睛就是真实感情的流露。嫉妒是从我们看待事物的眼光中产生的。我们可能看邻居家的草坪更绿,人家的车更有型,人家的房子更气派。当然,我们也有可能喜欢并欣赏自家的草坪、汽车和房子。

现实是,总会有些人拥有许多我们想要的东西,也有些人拥有得很少。"比上"还是"比下",取决于我们自己。如果我们不满意,不断地拿自己与富有的人相比,羡慕别人所拥有的,我们的孩子将会步我们的后尘,终生陷入嫉妒与失望之中。我们应该制服自己心中的"绿眼怪",让孩子学会享受他们所拥有的,而不是为所没有的感到失望。

"饭是别家的香"

注意到与别人的差别,与别人做比较都是正常的、不可避免的,而且这一点事实上对我们的生活很重要。识别差异的能力是观察能力中极为重要的组成部分。对于孩子来说,学会识别不同是向严密的思维迈出的第一步。而比较的结果,就是给我们带来

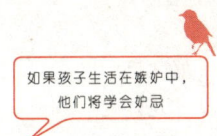

如果孩子生活在嫉妒中，
他们将学会妒忌

麻烦——引起羡慕与嫉妒的消极情绪。

孩子们正在院子里玩，妈妈在收拾花园，这时候爸爸把一辆崭新的汽车开了回来。妈妈很高兴爸爸买到了她想要的颜色，女孩们兴奋极了。这是他们的第一辆新车，真是个惊喜，爸爸也感到自豪。

全家人都很爱护这辆新车。整个夏天，孩子们每逢周末就帮忙洗车，坐车的时候也非常规矩，上车就脱鞋，绝不在车上吃东西。

到了秋天，邻居买了一辆新车，更漂亮而且更便宜。爸爸听说后，心里很不是滋味。"或许我们也该买那一款，"他说，"要是当时等几个月就好了。"

妈妈却肯定地说："没关系。这辆车对于我们来说就是最合适的。"

爸爸觉得妈妈不理解他，心里还是不舒服。孩子们不明白她们喜爱的新车突然间出了什么问题，但是她们明显地感觉到爸爸对汽车的态度变了。她们看到每当邻居的车从院子里开出来的时候，爸爸都羡慕地盯着那辆车看。她们知道爸爸在嫉妒，尽管不明白为什么。可悲的是，爸爸的情绪传染给了孩子。孩子们也不

61

> 好父母
> 才是好老师

觉得她们的车有什么特别了。她们开始在后座吃零食，把碎渣掸到地上。过了一段时间，汽车看上去也真的不再特别了。

爸爸的态度不仅破坏了自己的幸福感，还伤害了全家人的感情。他的嫉妒传递给女儿们的信息就是：一个人的价值是建立在物资财产之上的。而这，并不是我们想教给孩子的。

做比较并不只会带来麻烦，也可以让我们欣赏和赞美。如果爸爸能把邻居的好运气和自己的买车经历分开来看，他就可以佩服邻居讨价还价的水平，欣赏他的车，还能继续喜爱自己的车。

有时候嫉妒不是源于物质财富，而是因为别人的孩子。这种情况多发生在那些认为孩子是父母生命的延续的人们身上，他们相信孩子成就越高，做父母的就越体面。把自己与孩子混为一谈，使比较发展为病态的竞争。谁的孩子最早会走路，谁的孩子进了代表队，谁的孩子得了奖，谁的孩子最漂亮，谁的孩子朋友最多，谁的孩子上常春藤盟校[①]——所有这些，都会在突然之间变得非常重要起来。

一位年轻的妈妈告诉我："我记得听说一个孩子已经能看很

---

① 美国顶尖名校的代名词。

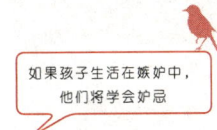

复杂的书的时候,我的女儿对《戴高帽的猫》还没培养出兴趣来呢。我嫉妒极了。我发现自己不但希望我的孩子也像那个孩子一样能看书,甚至希望那个幼小无辜的四岁孩子在学三音节单词上碰壁,从此沉默。那时我看到了自己嫉妒中的邪恶,感到非常可怕。"

总会有别的孩子比我们的孩子更优秀,跑得更快,更聪明,或者更有魅力……我们有太多理由去嫉妒。但是,我们可以选择如何看待这个问题。不是盯住孩子的弱点,而是肯定他们的能力。那么当比较不可避免地发生时,我们就能够欣赏每个孩子的特别之处。另外,我们必须承认孩子的成功与失败是他们自己的,不是我们的。我们爱我们的孩子,我们为他们的成功而喜悦,为他们的失败而悲伤,这都是人之常情。但是我们必须明白我们对孩子的希望和期待要符合孩子的个性和能力,而不是为了满足自己没能实现的愿望。

兄弟姐妹之间的竞争

兄弟姐妹之间为了赢得父母的关注和表扬而竞争是件很自然

的事。在兄弟姐妹间做比较，或者更糟的是喜欢一个孩子胜过另一个，会使本来平常的竞争变得更激烈，也减少了兄弟姐妹在未来的生活中成为朋友的几率。

妈妈尝试着鼓励七岁的莎伦，她说："我希望你在书法上多努努力，如果你好好练，就能像你姐姐那样写出漂亮的字来。"

莎伦看了一眼坐在餐桌另一边的十岁的姐姐，她正在安静地做作业。老师们、伙伴们，甚至连妈妈都更喜欢她，莎伦不知道是该恨姐姐还是恨自己。

"我什么都做不对。我的铅笔写出来就脏。我讨厌写字。"莎伦爆发了，跑到楼上她的房间里放声大哭。

当孩子对我们说的话做出了消极反应，那就是一个信号，告诉我们需要反省一下说话的意图。妈妈的第一反应是有点心虚，想知道女儿为什么会如此反应过度。但是只要花时间想想，她就会发现自己做了一个不公平的比较，使莎伦对姐姐产生了嫉妒。妈妈需要了解女儿的感受，向她道歉。孩子的胸怀惊人的宽阔，特别是父母愿意承认错误的时候。还有一点很重要，妈妈要让莎伦知道今后她不会再拿莎伦跟任何人做比较，只要和她自己比就足够了。

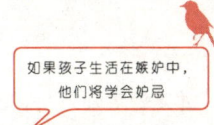

如果孩子生活在嫉妒中，他们将学会妒忌

现实是，即使我们每时每刻都提高警惕（尽管没有人能做到），监督我们的每一句话语，我们还是不能避免兄弟姐妹之间的竞争。最普通的兄弟姐妹间的嫉妒是最简单的：妈妈正在切蛋糕，五岁的双胞胎琳达和加里像鹰一样盯着妈妈，稍有不公就会随时提出抗议。这样一来，切蛋糕变成了一件非常难的事。总会有一块比较大或者糖霜比较多。重要的是要尽力而为。看到这样的小例子我们或许会发笑，但是孩子的童年就是由无数这样的瞬间积累而成的，有时甚至给一些孩子留下阴影，认为"妈妈那时候更喜欢你"。

认真对待孩子的嫉妒心理，无论什么时候，只要可能就尽力去纠正存在的不公平。记住，蛋糕代表着父母的爱和关注。孩子通过强调他们要一样大的蛋糕，间接地表达了他们要感受到同等量的爱。不要觉得他们荒唐，我们应该慷慨地满足他们的需求，为他们将来也能平等待人铺平道路。

从众心理

"苏珊妮就染了头发，为什么我不行？"

{好父母
才是好老师

"可是米奇就买了那样的运动鞋……"

"所有的人都扎耳洞了,我也想扎。"

所有年龄段的孩子都爱羡慕别人,希望拥有别人有的一切,比如衣服、朋友、成绩、汽车、卷发、直发。他们以为只要拥有跟他们一样的东西,自己就会更接近那些他们艳羡的朋友。"穿上了那套衣服,我就能像萨曼莎那样受人欢迎。""我要是穿上高帮运动鞋,篮球也能打得和杰森一样好。"

孩子容易以为拥有某些技能或财富就是幸福。他们认为只要拥有了某些东西就可以备受青睐或者马上变成运动员,相信这就是让他们自我感觉良好的办法。遗憾的是,正如我们大多数人已经从生活中领悟到的,这种方法只能带来失望。

孩子到了青春期会更关注同龄人,不在乎父母,可能会执迷于得到那些他们渴望的东西。也正是在这段时期,孩子开始学习抽象思维、探讨哲学,开始定义自己在世界中的位置。这个过程可能有些令人沮丧,但是至少可以说,青少年置身"团体"中时能免除困惑。所以融入团体对他们来说是首要的。

我们要让孩子明白个人差异的存在是很正常的,而且事实上

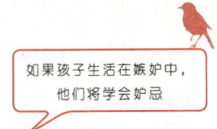

如果孩子生活在嫉妒中，他们将学会妒忌

是必须的。我们希望孩子建立足够的自信，让他们感到没必要去模仿其他孩子，或者渴望别人拥有的某件东西。有强烈自我意识的青少年不会去效仿别人。

不是说孩子不应该受他们的朋友的影响。向钦佩的朋友学习不等于效仿，钦佩使孩子树立自己的目标，取得原本意想不到的成果。即使达不到目标，他们也会赞美、欣赏，而不是嫉妒，他们的视野也将更开阔。"卡门当了队长，我很失望，但是她会做得很好。今年我们队真的好像强多了，我们很有可能夺冠。"卡莉说。她曾经希望自己担任高中的田径队队长。

青少年在探求自我的过程中需要我们的帮助。当他们步入障碍重重的青春期时，家长能否陪伴他们极为重要。我们可以帮助他们肯定他们身上的闪光之处，教他们如何表达自己。最好的方法就是倾听，随便什么时候——可以在开车时、他们睡觉前、做曲奇时，或者一起收拾院子时。这些场面都是无法预先计划的，孩子在这样的"高效时段"中往往容易吐露心声。当他们表达他们的想法和感情的时候，关键就是倾听，在不影响他们日益增长的独立意识的前提下，向他们提供我们的观点。孩子向我们敞开心扉的时候，我们一定要注意把他们的话听完，然后再分享我们的看法，而不是简单地告诉他们应该怎么做。我们鼓励孩子独立思考，而不是一味地服从。

肯定我们的孩子，也肯定我们自己

作为家长，怎样看待我们的孩子取决于我们自己，我们有责任发现、欣赏每个孩子的独特之处。我们如何评价孩子，孩子就会如何评价自己。关注他们，守候在他们身边倾听他们的愿望、烦恼、梦想、玩笑和希望，让他们了解，他们对我们来说非常重要，我们爱着他们，欣赏他们的独特之处，并不希望他们变成别人。

我们同样能够帮助他们接受自己，当孩子看到我们能够接受我们自己，包括我们所有的特长和短处，也包括我们的能力与局限之时。让我们这样做的最大理由就是，通过我们自身的例子，帮助孩子学会接受他们自己，迎接他们最美好的生活。

如果孩子生活在耻辱中，他们将有负罪感

> 好父母
> 才是好老师

我们希望孩子能明辨是非。学习分辨是非，即使不需要花一生的时间，至少也是他们待在我们身边的全部时间。我们教育的起点也许是从不能拿小朋友的玩具，吃口香糖必须付给商店钱，骗人是不公平的、错误的开始。等他们长大一些，我们可以帮助他们理解更复杂的道德问题，比如，在什么情况下可以说谎，当你得知朋友犯了错误应该怎么办，等等。设置好内心的道德指针，需要经过贯穿人的一生的漫长过程，我们可以帮助孩子开个好头。

我们要如何帮助孩子学会分辨是非呢？我们希望他们从我们身上学到礼貌、善良，但事与愿违的时候我们怎么办？他们的确做错了事时该怎么办？他们伤害了别人或者故意弄坏了东西的时候，我们又该怎么办？要让孩子知道，我们不会允许他们伤害别人或他们自己。我们还要让他们知道他们错在什么地方，让他们为自己而感到羞愧，为自己的所作所为而后悔，甚至让他们承担后果，这样他们就会吸取教训。

然而我们不希望孩子生活在羞辱和罪恶感之中。责备和羞辱会令孩子产生挫折感，以至于使他们丧失信心，或者自暴自弃。所以我们不应该用羞辱来操纵或控制孩子。孩子在支持和鼓励中

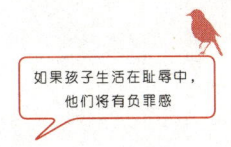

如果孩子生活在耻辱中，他们将有负罪感

才能成长，惩罚只能起副作用。

好在大多数我们所面对的孩子都不会有意伤害别人或损坏东西。通常我们介入的纠纷都是孩子无心的错误，比如从小朋友手中抢走玩具，把厨房弄得乱七八糟，或者借东西时不打招呼。当这样的事情发生时，作为家长，我们的工作就是帮助他们分析为什么他们会选择了一个错误的行为，并指出怎样对自己的行为负责任，把事情做对。

鼓励学习，不要负罪感

当我们的孩子做了错事，比如偷了东西、说了谎、骗了人，我们的第一反应可能是愤怒，更遗憾的是会做最坏的假设。在这种时候，重要的是先听听孩子怎么说。他们可能还不完全理解自己犯了什么样的错误。我们应该把这样的事件看做孩子的学习过程，而不是一味地痛斥和责骂。如果我们不贸然下结论，让孩子来告诉我们为什么那样做，我们就能教给他们如何做出更好的选择。这样，不但孩子不会再做那些坏事，而且孩子的人格也不会

> 好父母
> 才是好老师

受到伤害。

妈妈注意到皮包里的钱包不知被谁打开了,她的零钱都没了。家里只有她和七岁的女儿梅丽莎。妈妈走进梅丽莎的房间,重申了这个事实:"我发现我钱包里的硬币都不见了。"

梅丽莎正在忙着玩她的娃娃,她抬起头看着妈妈。

妈妈继续说:"我的钱包在皮包里敞着口。一般我都会合上。真奇怪,怎么会这样?"

梅丽莎解释说:"噢,卖冰激凌的车来了,我需要钱买冰棍,你又在接电话,我就自己拿了。不过我没把钱包的拉链拉上。对不起。"

妈妈不禁想笑,但是她绷住了脸。梅丽莎能感到抱歉很好,可她感到抱歉的事情不对。妈妈坐到梅丽莎和她的娃娃身旁,温柔而坚决地说:"皮包和钱都是妈妈的私人物品。妈妈不会拿你的钱,你也不许拿妈妈的钱。"

如果是第一次发生这种事,妈妈和梅丽莎可以决定从梅丽莎每个月的零花钱里扣一部分还给妈妈。如果是第二次,可以罚梅丽莎少看一次她最喜欢的电视节目。(如果偷钱成为习惯,妈妈就

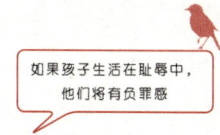

如果孩子生活在耻辱中，他们将有负罪感

需要制定一系列更严厉的措施，甚至向专业人士求助，找出梅丽莎偷窃的根源。)

妈妈不因为梅丽莎偷钱而羞辱她，但是妈妈让她知道，她的行为是错误的、不能被接受的。梅丽莎可能为自己的行为而感到内疚，但是她不会觉得自己是个坏人。

妈妈还可以教梅丽莎下次遇到这种情况时该怎么办。"我知道你需要钱买冰激凌，而妈妈又忙，但是你不能不问我就从我钱包里拿钱。你想想还有没有别的办法？"

梅丽莎努力地想了想，说："我应该等，但是冰激凌车会走的。"她停顿了一下又说，"我可以从小猪存钱罐里拿钱。"

"对，可以呀。"妈妈表示同意。

"你打电话的时候，我可以写在纸上让你看。"

"那样也行。"

"我可以不买冰激凌。"梅丽莎淡淡地说，还带着犹豫。

"那倒不用。"妈妈笑了，给了梅丽莎一个紧紧的拥抱。"下次你如果需要钱一定先问我，好吗？"

妈妈的一串问题给梅丽莎上了一节很有意义的课，帮助她反

> 好父母
> 才是好老师

省自己的行为，考虑如何用可以被接受的方法实现自己买冰激凌的愿望。这些问题并没有灌输给她耻辱或罪恶的感觉，令她感到羞愧。相反，梅丽莎为能承担起自己行为的后果而更自信。

"你真丢人"

朱莉的房间乱得一塌糊涂，妈妈的忍耐已经达到了极限。妈妈故意用一种能让一个十一岁的孩子为自己感到惭愧的声调说："你怎么回事啊？怎么把房间弄得跟猪窝似的？真丢人。"

朱莉顿时很沮丧。"嗯，好吧。"说着，她回了房间，把房间打扫干净。

然而，即使在完成了妈妈要她做的事之后，她还是觉得自己不对。用羞辱控制孩子的行为只能令孩子为自己感到惭愧。这种做法不能使孩子的行为得到彻底的纠正，孩子的"听话"只是为了暂时性地讨好妈妈。

朱莉的妈妈应该记住，糟糕的是房间，不是她的女儿。一句明确的话——"我希望你立刻把房间收拾干净"，就能既表达自己

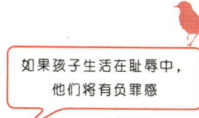

如果孩子生活在耻辱中，他们将有负罪感

的不满，又保护了朱莉的自尊。同时也不妨加上"这里就像发生了一场灾难，我实在受不了了"，这样就更明确了令妈妈心烦的是脏乱的房间，不是孩子本人。

孩子也有自己的感受

成年人可能很难回忆起自己童年时的情景。有时，孩子的难过或生气，在我们看来似乎很可笑或者没道理。但我们必须记住，孩子正在学习表达他们的感情，他们还做不到准确地区分或控制感情。无论他们的感情对我们来说是否合理，我们都要鼓励他们表达自己的感情。

五岁的多尼活泼又聪明，只是特别害怕打雷和闪电。不幸的

> 好父母
> 才是好老师

是他住的地方经常有强烈的雷暴。每次暴风雨开始形成，多尼的恐惧就会逐渐加深。一开始，他只是说："我害怕，雷声听着太近了，闪电会不会击中我们？"随后反应不断升级，从抽泣到大哭，然后是尖叫，最后躲到被子里。

多尼的爸爸不能接受儿子害怕雷电，还需要安慰和保护的事实。最初他试着让多尼平静下来。"没什么可怕的。"他说，"不用担心，闪电打不着你。"

说一次不管用，多尼的爸爸就再重复，声音越来越大，语气也越来越不耐烦。这使事情变得更糟：多尼越来越害怕，爸爸越来越生气。最终的结局就是，爸爸大发雷霆："如果我是你，我都觉得丢人！你到底怎么回事？"多尼爸爸此时的言行丝毫不能减少多尼的恐惧，相反，他等于是在告诉儿子：恐惧是可耻的。

如果多尼的爸爸能够接受多尼的恐惧，他会有更好的办法。他可以让儿子坐在自己的腿上，对他说："孩子，你想对雷先生和电先生说什么？"这样可以鼓励多尼积极地说出自己的恐惧，而不是夸大它们。多尼会发现只要对雷电大叫"滚回去"，他就可以战胜恐惧。

对于孩子的错误和恐惧，能够善意地接受并帮助他们勇敢面

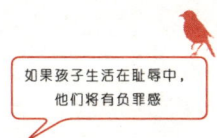

如果孩子生活在耻辱中,他们将有负罪感

对,就能让孩子在成长过程中充满自信,而不是羞愧。每个孩子都有权利表达他的感情并且使他的情感需求得以满足,无论他们的感情对我们来说是多么的离谱。随着孩子的成长,这种权利会与他的责任感互相牵制,达成平衡,使他能够考虑并尊重别人的感受。但假如在孩子获得这份成熟之前使他遭受羞辱,那将致使他隐藏起他的感受,最终一无所得。让孩子表达自己的真实感受是学习的第一步。当孩子告诉我们他们是怎么想的,我们就能帮助他们释放消极情绪,勇往直前,健康成长。

培养责任感

年龄小的孩子通过实验和游戏懂得了许多因果关系。蹒跚学步的孩子会坐在儿童椅上把她的勺子扔到地上做实验。对她来说,这很好玩,特别是当每次妈妈或爸爸把勺子捡回来的时候,因为她又可以扔了。她很喜欢自己在因果游戏中的角色,直到捡勺子的人拒绝才肯罢休。

孩子逐渐懂事,他们会掌握更多巧妙的方法来引起事件的发

> 好父母
> 才是好老师

生,同时也学习分辨事件对他人的影响。随着孩子参与家庭生活的比重增加,他们的责任感和承担责任的能力也开始自然而然地增强。孩子不必为关心事物的发展进程或者想做任何改进而感到羞怯。即使年龄小的孩子,也经常会自然地提出改进事物的愿望,毕竟大多数孩子总是想取悦他们的父母。

六岁的比利从冰箱里拿橙汁的时候,手一滑,把一盒橙汁洒在了地上。他一岁半的妹妹坐在儿童椅上看到了"精彩"的一幕,兴奋地拍起手来。比利当然是懂事的,他明白自己闯了祸,遇到了麻烦,于是抓起一块抹布盖在那一大摊橙汁上。他是想把橙汁吸干净,但是他没想到要把抹布拧干才能吸得快。比利的妈妈看了,以为他是在玩。

比利抬头看着妈妈,他的手和膝盖上都沾着橙汁。"对不起,妈妈,"他说,"我马上就能弄干净。"

比利的妈妈开口前先做了一个深呼吸,她看到比利正在尽他最大的努力把那摊橙汁擦干净。"我帮你擦。"妈妈说,"你开了个好头,不过如果用海绵和水桶的话就能干得更好。"

关注并表扬孩子为补救自己的过失而做出的努力是非常重要

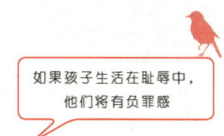

如果孩子生活在耻辱中,
他们将有负罪感

的。我们应该重视和鼓励孩子正在萌发的责任心,不能因为他们的缺点而惩罚他们。比利认识到自己的错误,道了歉,还尽了他最大的努力去收拾残局。尽管他的做法效果不佳,但他的努力是对的。妈妈认同了他的道歉和努力。正因为如此,比利和他妈妈才避免了可能发生的不愉快,完成了主动道歉、承担责任和得到原谅的圆满过程。他们在一起打扫厨房的过程中也增进了彼此的感情。

我们还要让孩子了解责任有两个方面。当孩子犯错的时候,我们希望他们承担责任;当他们做得出色的时候,也应该肯定他们的成绩。这样就能使孩子把他们的成功化作力量和自豪,帮助他们继续进步。

"对不起"

如果有人被伤害,或是有东西被损坏,道歉能起到安慰受害者的作用。在一场活跃的躲避球比赛中,十二岁的安德鲁把球扔到一个同学身上,球很猛,把那个同学打倒了,他赶紧跑过去。

"你怎么样?"他问,"真对不起。我不是故意的。我陪你去

> 好父母
> 才是好老师

医务室好吗?"他对发生的事承担起责任,对女孩的疼痛真诚地表示了歉意,并且愿意帮助她。

然而,有的孩子把道歉当做魔杖,似乎道了歉就能抹去他们引起事端的行为。他们没有丝毫负罪感,也根本不感到羞愧,仿佛道歉能为他们继续胡闹开绿灯,道歉是让他们轻易获得原谅的捷径,而且他们以为任何道歉得到的回答都是"噢,没关系,我理解"。一个九岁的男孩发明了一种道歉法:事先在卡片上签字并写上"对不起",然后无论什么时候,无论在教室里还是在操场上,只要一卷入纠纷,就刷地递上一张通用道歉卡。如果孩子的道歉毫无诚意,甚至没有礼貌,我们应该让他们知道那样做远远不够。

我们希望孩子懂得他们的行为会影响别人,当他们伤害或冒犯了别人——不管有意还是无意,了解别人的感受和反省自己的所作所为是非常重要的。这样做才可能由衷地道歉,并尽力改正错误,这与随便地说声"抱歉"截然不同。真诚的道歉里包含着承担责任、后悔犯了错和决心将来改进。

耐心倾听孩子的心声,可以培养孩子设身处地地为他人着想的品质。孩子看到我们努力去理解他们的感受,自然就会尝试着

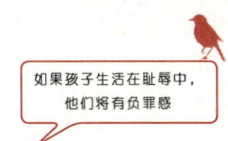
如果孩子生活在耻辱中,
他们将有负罪感

去理解他人的感受。哥哥凯西用积木搭了一座精致的塔,四岁的萨姆骑着三轮车把塔撞倒了。爸爸把萨姆从积木中弄出来,让他单独待了片刻,才坐到他身旁,问他为什么撞倒凯西的塔。

萨姆说凯西不跟他玩让他很失望。

"凯西的塔倒了,你觉得他会怎么想?"爸爸问。

"又难过又生气。"萨姆说。

爸爸又问萨姆,为了跟哥哥玩,撞倒他搭的塔是不是个好办法。萨姆承认不是,和爸爸商量有什么其他好办法能引起凯西的注意。爸爸还问萨姆怎么能跟哥哥和好。萨姆说他会跟哥哥说对不起,然后帮他重新把塔搭好。

萨姆向凯西道了歉,凯西不情愿地接受了。尽管凯西拒绝萨姆帮他搭塔,但他明白他的小弟弟正在努力补救,就以自己的方式原谅了弟弟。

尊敬别人和自己

孩子在学习各种纪律和规则的时候需要我们的帮助和引导,

> 好父母
> 才是好老师

在此过程中，我们必须注意，羞愧和内疚是很强烈的负面感情，应该尽量避免使孩子产生这样的情感。同样地，我们还要记住责备并不能让孩子改变，应该观察孩子在事发过程中所起的作用，让孩子对自己的行为负责，才能促使他们进步。

有了父母积极、基于尊重的精神后盾，大多数孩子都会理解他们要对自己的行为造成的后果负责。他们一旦了解了原因和结果之间的自然联系，就会变得更有责任心。他们会看到自己的行为和后果之间的联系，会想要努力把事情做好。

预测、判断事情结果的能力不是短时间内能够掌握的，这需要家庭中每个成员的耐心等待。当孩子长大成人了，他们会遵循自己心中的是非观，懂得之所以出现问题，是因为他们做得不对。他们会更能尊重别人的感受，对自己的错误、冒犯做出真诚的道歉并得到原谅，从而形成一个良性循环。正如前面所强调的，这个学习过程应该是由孩子主动去完成的，而不是靠羞辱和斥责。

如果孩子生活在鼓励中，
他们将学会自信

> 好父母
> 才是好老师

鼓励最原本的意思是"交心"。鼓励孩子,就是把自己心中的勇气放到他们的心中。当孩子逐渐自立,开始学习本领、建立自信的时候,帮助并支持他们是父母的责任。与此同时,我们会遇到一个非常微妙的问题:判断什么时候应该介入,什么时候应该静观,什么时候应该表扬,什么时候应该批评。这是一门艺术,远远超出了科学的范畴。

孩子需要我们的支持,同时也需要我们对他们学习、提高的过程进行客观的评价。他们需要我们在他们前行的时候给他们鼓励,在他们落败的时候为他们守候。他们需要我们鼓励他们挑战极限、拓宽视野,推动他们突破自我。同时,他们需要知道我们会永远与他们站在一起,即使他们无法成功。

为了满足孩子的这些需要,我们必须关注每个孩子各自不同的需求、才能和愿望。只有认识孩子之间的差异,比如这个孩子如何对待沮丧或烦躁,那个孩子如何才能够集中精力,哪个孩子需要帮助和指导,哪个孩子独立性强等等,才能在他们为目标而奋斗的过程中,给他们提供具体、有效的指导。

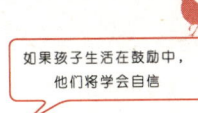

如果孩子生活在鼓励中，他们将学会自信

鼓励有多种方式

出色地完成一项工作自然值得表扬，对于孩子在实现目标的过程中的一点一滴的进步，父母也应该给予肯定和表扬。三岁的萨曼莎总是被要求对小弟弟好一点，尽管她还不知道如何照顾弟弟。如果换一种方式，当她开心地轻轻地拍拍弟弟的手时，当她坐在车里逗弟弟笑时，表扬她对弟弟的爱心，妈妈试着说"看你把弟弟逗得多高兴啊"，萨曼莎也会感到高兴和自豪。

我们也可以通过帮助孩子达到目标来鼓励他们。方法有许多，有时最好在他们陷入困境之前伸出援助之手，有时最好退后，让他们自己解决问题。我们可以离开，让他们独力完成，我们也可以在离开前留给他们一些温暖的话，或是一个适时的建议，或者只是轻拍一下他们的后背。

当孩子失败的时候，我们绝不能陪孩子一起沮丧。我们可以想想他们完成的项目，或者他们攻克的难题，而不是夸大他们正在开始做却还没有成功的事情。

五岁的内森正在用积木搭一座塔。塔的结构很复杂，摇摇欲

> 好父母
> 才是好老师

坠。积木果然倒了，内森立刻开始哇哇大哭。好在爸爸早已想好鼓励内森的话，他说："我刚才看见了，你搭得真高啊，跟你自己差不多高了。爸爸和你一起再搭一个好不好？"于是，父子俩重新搭积木，爸爸示范给内森一些技巧，让他搭得更牢固。爸爸看到并称赞内森的第一次尝试，使内森很满足。现在他又学会了新搭法，以后一定能搭得更好。

就像这样，表扬孩子的努力和干劲，再加上适当的建议，是很重要的。鼓励孩子包含许多内容，不能仅仅停留在单纯的表扬这一层面上。

十四岁的苏西正在做历史作业，写一篇关于塞勒姆女巫审判案的报告。爸爸看到女儿聚精会神，花许多时间从不同的地方收集了大量的资料，觉得很高兴。可是女儿的调查使她淹没在无边的信息之中，眼看着离提交报告的期限只有两天了，苏西还没写完。

"噢，看来你花了不少工夫，收集了不少资料。"爸爸对苏西说。

苏西回答："是啊。可是我恐怕写不完了。"

"你觉得哪些资料更好用？"爸爸问，"你可以先集中用这些

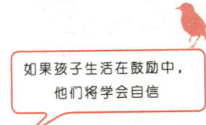

好用的，如果有时间再回来用别的资料。"

苏西很感兴趣地抬头看看爸爸，爸爸也看到女儿在思考。"这三本书最好。"她兴奋地说，语气里还带着几分轻松，"现在我就先把别的资料放在一边。"

爸爸帮助苏西找到了最适合她的方法。因为爸爸注意到孩子遇到了困难，花时间帮她想出了解决方案，女儿才能够克服困难，按时完成报告。这样的帮助远比随口说一句"干得不错"要有意义得多。

谨防陷阱

鼓励孩子并不是一件容易的事。孩子小的时候，同样的事情与其让他们自己做，还不如我们替他们做，因为那样会节省很多时间。孩子长大后，问题就不是时间，而是精力了。许多父母可能已经厌倦了，因为让孩子做他们应该做的事比什么都难。但是，无论孩子处于哪个阶段，都要注意不要掉入替孩子做事的陷阱。从日常生活里符合他们年龄和能力的"任务"中，孩子可以学到承

好父母才是好老师

担责任和积极参与，这对孩子非常重要。鼓励孩子这样做是父母的责任。

巴里正在学怎么系鞋带，四岁孩子的短短粗粗的手指头打起结来总会遇到麻烦。妈妈看着他，心里越来越不耐烦。他们快要迟到了，妈妈甚至后悔怎么没给他买尼龙搭扣的鞋。

"来，我给你系。"妈妈说。她推开巴里的手，飞快地系好了鞋带。妈妈的动作太快了，巴里没看清妈妈是怎么系的。他想自己系，就解开了鞋带重新系。时间更晚了，他们都在生对方的气，鞋带也迟迟系不好。

作为父母，安排好日程非常重要。我们应该为孩子留出充裕的时间，让他们可以在没有压力的情况下从容地练习正在学习的事情，比如穿衣服、刷牙、收拾房间。多数人的生活中都存在着压力，如果让每个人早上早起半个小时，甚至一个小时，可能感觉代价太大。确实，许多父母要同时应付来自家庭和工作的多种需求，也许做不到每天早起。当然，这要由每个父母自己决定。在衡量这个决定的时候，建议想想这会对你的孩子有多重要，他们需要学习自立，更需要在学习过程中对自己的成绩感到自豪、增强自

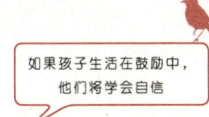

信,不必为赶不上世间的疯狂节奏而羞愧或沮丧。

父母会遇到的另一个陷阱是为了保护孩子不经受失败、失望或伤害,下意识地阻碍他们尝试新事物。我们不希望孩子受到伤害,但有时候也需要让他们冒冒险。即使失败,单是由孩子自身去做这一点,很多时候也是有意义的。

六年级的艾迪决定竞选班长。一天晚上,等艾迪睡着了,他的爸爸和妈妈开始讨论即将开始的选举。

"如果他输了会受不了的。"妈妈担心地说,"我一开始就不应该鼓励他参加。"

爸爸笑了,说:"他不会有事的。这对他来说是一段好的经历。"

"没选上也是好经历?"妈妈问。

"没选上更是。"爸爸回答。

爸爸是对的。不管选举结果如何,艾迪都会从他的经历中学到东西,变得更坚强。如果当选,显然他会获得自信。如果落选,至少他会对自己为实现目标而做出的努力感到满意。妈妈应该转变自己的角色,从保护孩子变为鼓励孩子成长,即使结果对母子两人来说可能是痛苦的。

> 好父母
> 才是好老师

还有一个父母们容易犯的错误,就隐藏在"先试试"这句话里。当我们鼓励孩子尝试新事物,比如孩子不爱吃的蔬菜或者孩子讨厌的任务,无意中暗示了孩子只要试一下就可以逃开,没有更多的要求。那些想找捷径的孩子,会以"我试过了"为借口,而不去完成他们应该做的事。

当孩子面临挑战,应该相信孩子的潜能,而不是降低对孩子的期望。当你鼓励你的孩子"尽你的最大努力",他会了解你想让他做什么,不会感觉有压力。要求孩子尽最大努力,说明你相信孩子的能力,正在为他通向成功铺平道路。创造一个乐观的、期待的氛围是很重要的。可以肯定,通过实践和学习,也随着孩子逐渐成熟,大多数孩子都会在各方面取得进步。

最后,我们还要注意别把自己未能实现的梦想强加给孩子。蒂凡尼的妈妈说服学校把女儿安排在数学特长班里。蒂凡尼觉得很吃力,但是妈妈下定了决心。"你必须上这个班才能考上常春藤盟校。"妈妈说,"只要你努力就一定能办到。"

蒂凡尼很可怜,她并不在乎能不能进常春藤盟校。如果妈妈能拿出时间让她说说现在遇到的麻烦,再讨论一下上常春藤盟校为什

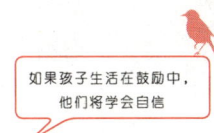

么对她有好处的话，或许还有可能说服她现在的努力是值得的。但是妈妈把自己的目标强加给了女儿，同时却低估她的困难，结果是女儿跟不上班级进度，承担了太大的压力。妈妈以为她是在鼓励孩子，实际上却是无视蒂凡尼的意愿，把孩子当做自己生命的延伸。

我们应该重视和尊重孩子自己设计的人生蓝图。他们看世界有他们的角度，无须与我们相同，也不可能相同。每个孩子都有独立的思想，也各有天赋。如果我们鼓励他们去做他们想做的人，就能分享孩子眼中的世界。我们允许他们发挥他们的天赋，他们就能自信地成长，我们的世界也会更加丰富、更加充实。

每个孩子都有梦想

孩子的梦想总是无限的。在他们的梦中，任何事情都是可能的。在他们的成长过程中，一个重要部分就是了解实现梦想需要极大的努力。我们希望他们能持续地保有梦想的力量，鼓励他们不断前进。他们不知道极限，也不感觉畏惧，这些特质正是我们希望他们继续保持的。同时，我们应该帮助他们在追求技能与愿

好父母
才是好老师

望、能力与梦想的天平上,做出现实的、适合自己的判断。

孩子的某些梦想对我们而言可能只是小事一桩。三岁的萨沙宣布:"今年我要帮忙装饰圣诞树,我要把星星挂到树顶上去。"她长成一个大孩子了,希望在圣诞节这个重要的家庭节日里多起些作用。毫无疑问,她自己不可能够得着树顶,但是如果爸爸把她举起来,她就能做到。"好主意,萨沙!"妈妈说。妈妈关注的是萨沙的愿望,而不是萨沙需要帮助才能实现梦想这一事实。通过这件事,萨沙明白父母不但尊重她的梦想,而且会在她身旁帮助她实现梦想。

孩子也有一些不那么简单的梦想。我们知道不是所有的梦想都具有现实性,那么,我们如何判断哪些梦想应该鼓励,哪些梦想不该鼓励呢?

特拉维斯想成为一名歌手,但是他没学过音乐,而且五音不全。尽管如此,他的爸爸还是认真地倾听他关于自己音乐生涯的计划,只字不提他的缺陷。他鼓励特拉维斯追求他的梦想,因为他相信儿子,相信做自己喜爱的事情是非常重要的。

特拉维斯毕业后搬到了洛杉矶,为一支乐队创作说唱音乐。

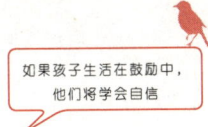

如果孩子生活在鼓励中，他们将学会自信

后来他们发行了一张唱片。现在他虽然成功地踏进了梦想的世界，却是个"挨饿的艺术家"，生活难以维持。他完全有可能放弃音乐，另找出路。但是即使他那样做，他也会铭记自己曾有过一个梦想，而父亲曾鼓励他去追求梦想。在他以后的生涯中，无论做什么，他都会为自己的梦想而奋斗。因为尝试过，他将不会留下遗憾，如果中途放弃，必会无法释怀。

好父母
才是好老师

鼓励孩子的一切

帮助孩子自立不能只靠鼓励孩子的行为,我们应该考虑孩子的内在特质也在随之发展。当我们看到孩子表现出某个我们赞赏的特质,无论是慷慨、善良、敏锐、坚定,还是任何其他的,我们都应该让孩子知道我们注意到了,而且很欣赏。我们的意见会帮助孩子塑造他们的自我形象,他们会以这样的形象走入学校、社区,最终进入职场。如果我们能支持孩子,给他们一片安全的、充满养分的成长空间,就等于给了他们机会,让他们做到最好。

当孩子在他们的生活中希望有所成就的时候,我们应该支持他们、鼓励他们。我们可以为他们提供建议,指引道路,但是一定要尊重他们的自主权,保证他们有权利做自己的选择。我们要做的就是陪伴他们走过失败和成功,无论结局如何,相信他们会从经验中吸取教训,在自信中成长。

我们应该相信孩子的梦想,即使我们不能完全理解。我们也应该相信孩子,特别是他们对自己失去信心的时候。我们给予孩子的发自内心的鼓励——为他们的梦想、他们的力量和他们的内在特质——将帮助他们成为能够自信地面对世界的成年人。

如果孩子生活在忍耐中，
他们将学会耐心

> 好父母
> 才是好老师

耐心需要忍耐。我们所说的忍耐是指对发生的事情积极地接受,而不是不情愿地忍受。如果我们接受那些无法改变的事实,并且决心在不利的局面下也竭尽全力,不只是咬紧牙关抱怨,结果将会令我们惊讶。在处理难题时,积极的态度不但能增强我们的忍耐力,事实上还能改变最终的结果。

就在凯莎即将升入七年级的前几天,她的腿骨折了。当别的孩子都在暑假结束后重返校园的时候,凯莎却要一个人躺在家里的沙发上,腿上打着石膏。

凯莎将怎样度过这段时光呢?她绝对有权利自怜、感到孤独和烦躁。另一方面,她也可以选择接受现实并积极地应对。在妈妈的帮助下,她决定开一个石膏签名派对。一些跟她要好的朋友放学后来到她家,装饰她腿上的石膏,吃布朗尼蛋糕,喝柠檬汽水,还聊了天。凯莎不向困境低头,成功地把这段不幸的经历变成了一个她和朋友们的美好记忆。

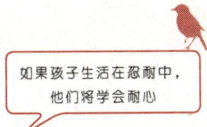

如果孩子生活在忍耐中,
他们将学会耐心

孩子不善于等待

即使对成年人来说,耐心地等待都是很难的。我们培养耐心,或者至少掩饰我们的烦躁,是因为我们知道那是社交习惯。对于年幼的孩子来说,等待是极其困难的。他们不在乎别人怎么想,于是毫不掩饰地表达他们的不耐烦。而且他们尚未成熟的时间概念使他们更加无法判断他们将要等待多久。"还要多长时间?""我们现在可以走了吗?""还没轮到我们呀?""等到什么时候呀?"这些问题都说明让年幼的孩子等待很难,让他们了解时间的概念也很困难。

日常生活中,有许多教孩子如何耐心等待的机会。"我饿了!"一个孩子不耐烦地哭起来。当我们给他做饭的时候,可以给他解释意大利面需要煮,蔬菜要切,橙子得先剥皮。假如另一个孩子提出要求说"我要冰块",可以让她看看冰盒,告诉她水结成冰需要时间。我们要帮助她理解为什么她必须等,同时也给她上了堂自然课。当孩子流露出不耐烦的时候,我们可以先倾听,然后让他们知道我们理解等待有多艰难,向他们解释做某些事情

> 好父母
> 才是好老师

需要时间，当必要的步骤在进行时只能耐心等待。

在商店里排队或者乘车远行，对于孩子来说都是极具挑战性的。但是这样的情况也能给他们提供学习怎样等待的机会。我们可以指路给他们看，使时间过得更愉快；排队的时候则给了我们和孩子交谈的机会，聊聊学校，或者最近还没有机会讨论的事情。乘车时如果带上一些玩具，或者自编一些游戏在路上玩，就能使旅程更开心。只要有好玩的事情做，年幼的孩子也能愉快地打发时间，比如，数数所有的卡车、红色的车，或者他们看到的白色的房子。

并不是只有讨厌的等待令孩子不耐烦，他们对喜欢的事情也迫不及待。假期是孩子最盼望的大事，总是让他们望眼欲穿。对大事的期待也可以用来帮助他们学习时间的流逝，了解一天、一个星期和一个月的含义。我们也可以引导他们享受等待的过程并从中受益。研究日历可以帮助他们从图像上理解时间是怎样界定的，使他们对一段时间的相对长度有一个初步的认识。学龄前的孩子可能喜欢拥有自己的日历，把贴画贴在自己盼望的特别的日子上。当那个日子临近，他们会专注地为它做准备，当那个日子

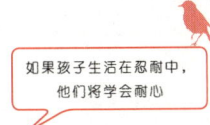
如果孩子生活在忍耐中,他们将学会耐心

来临了,他们会更投入,比如,制作圣诞节的装饰,烘烤专门的节日点心,为心爱的人制作生日礼物。

教孩子优雅地等待

如果我们自己很容易为日常生活中的小麻烦和不便而感到烦躁,那就很难教孩子学会耐心。大部分的成年人即使置身于令人厌烦的情况之中也能泰然自若。做到这一点并不容易,但是尽量以优雅的姿态面对这些日常生活中的挑战还是非常重要的,因为我们要给孩子做个好榜样。

在回家的路上,爸爸和十岁的埃里克遇到了交通堵塞。车流几乎一动不动,一些司机为了多向前开一点,开始变线超车。

"爸爸,你为什么不插进去?那条车道开得快。"埃里克催促爸爸。

"没必要换车道。"爸爸说,"那样做最容易出事故。堵车谁都走不快,放松一下最好。"

爸爸教给儿子用平和的心态接受令人烦躁的现实。爸爸不仅自己保持平静，还解释了使他耐心等待的原因：他无法改变此时的状况。不用说，这比抱怨、生气，或是冲其他司机叫喊要好得多。

在我们的生活中，有些时候要做到耐心很难，比如，等待婴儿的降生，家人正在接受手术，或是焦急地等待应聘的结果。这些潜在的、改变我们生活的大事会令父母和孩子忐忑不安，但是它

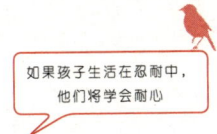

如果孩子生活在忍耐中，他们将学会耐心

们也是生活的一部分，我们的处理方式将教会孩子在充满压力的情况下如何掌握局面。

如何在一团混乱之中让自己镇定下来，从而达到内心的平静，是父母能够教给孩子的一项宝贵本领。即使身处危机之中，我们也可以利用等待的时间集中精力，汇聚我们的力量抵御面前的困难。做一个在任何地方都可以做的、简短而安静的"暂停"：可能的话，闭上你的眼睛，做几次缓慢的深呼吸，一次换回活力，一次换回能量，一次换回安慰，一次换回平静。当我们需要的时候，这个简单的动作就能够神奇地帮助你恢复心力，帮助你积极地等待。

当我们的神经处于紧张状态时，还有一个放松的好办法就是问自己："现在的状况需要什么？我有什么办法？做些什么事情能使等待变得轻松？"一味忧心忡忡于事无补，有时这些问题能使我们把注意力从单纯的担心转向具体的行动，令我们行动起来，或许还能帮助周围的人。我认识一位女士，她在等待活组织切片检查的结果时，决定清洗家里所有的窗户。"积极地等待使我忘记了恐惧，最后所有的窗户都闪闪发亮，更多的阳光照进房子里，心情也愉快了。"她说。

> 好父母
> 才是好老师

有时候，如果我们允许，孩子甚至能帮助我们找到办法。一位年轻的母亲就从她五岁的女儿茉莉那里得到了她需要的帮助。"那时约翰尼还是个小婴儿，他发着高烧，我担心死了。"她说，"茉莉过来搂着我说：'别担心，妈妈，约翰尼会好的。'她帮助我重新振作起精神，避免了惊慌失措。我意识到为了他们两个，我必须坚强。"

从母性中学习耐心

培育植物是让孩子了解时间如何流逝的好办法之一。照顾和培育一棵小苗，等待每一个新芽的萌发，会给他们提供具体的途径去理解时间的流逝。一个生命的出现成为令孩子兴奋的大事，它教给孩子生长需要时间，自然规律不能违背。

汤米所在的一年级的班在学校里种西红柿，每个星期他都向妈妈报告西红柿长到多高了，是谁浇的水。一天，汤米兴冲冲地来报告："我们给西红柿绑上了支架，这样它就不会倒了。"

妈妈有礼貌地听着，心里惦记着自己要做的事情。"你觉得什

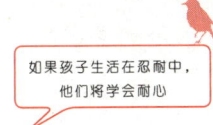

如果孩子生活在忍耐中,他们将学会耐心

么时候能结西红柿?"她问道。

汤米被问得吃了一惊,因为他只顾着观察西红柿的成长了。"等它们准备好了,我猜。"他回答。

妈妈立刻认识到因为自己分了心,忽略了种西红柿的过程中最重要的部分。汤米为西红柿渐渐长大而兴奋,他观察到西红柿的每一个细小的变化。他知道,时候到了,西红柿自然会长出来的,但那并不是他的目标;他感兴趣的是一株植物生命的全过程。

"你在学习植物是怎样生长的,我觉得非常好。"妈妈对汤米说,"看着它们一天天地变化,是不是觉得它们很了不起?"汤米看看妈妈,脸上露出了微笑,他知道妈妈终于理解了他,觉得很开心。

接纳与我们不同的人

当讨论人种、宗教或文化差异的时候,我们经常用到"宽容"这个词。在我们的家里、社区里,我们对人种多样化的宽容或不宽容就表现在我们如何对待那些与我们不同的人:既包括我们当

> 好父母
> 才是好老师

面与他们如何相处，又包括背后如何议论他们。孩子对轻微的含沙射影都极为敏感，即使他们没能完全理解我们话里的含义，也会注意我们的态度、模仿我们的行为。

迈克尔刚刚升入了五年级，他的新老师与大家的种族不同，妈妈一反常态地问了他好多问题："你觉得你的新老师怎么样？他推荐你们读什么书？他会不会偏向于某些孩子？"

迈克尔不明白为什么妈妈的问题那么尖锐，只是尽可能地向妈妈描述新老师，他说："他让我们按照自己的想法装饰黑板报。课间休息的时候，他也和我们一起去操场。"

但这似乎并没有令妈妈满意，她接着又问道："你觉得他是个好老师吗？是不是应该把你调到别的班？"

迈克尔真的被弄糊涂了。他一开始是喜欢这位新老师的，但现在他不敢肯定了。第二天他走进教室的时候，他的态度发生了细微的变化。他怀疑新老师或许偏向于班里的某些孩子，而没偏向于他迈克尔。他不禁考虑起这个问题来。

如果我们问迈克尔的妈妈她是否能够接受其他种族，她很可能回答"当然接受"，然而她显然给了儿子一个不同的回答。

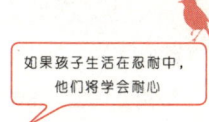

如果孩子生活在忍耐中，他们将学会耐心

我们的孩子生活在二十一世纪，他们在这个世界上成长，要与全球的邻居和睦相处，共享地球上的环境、商贸，共同肩负地球的命运，这些都是不可逃避的现实。即使是肤色、文化、能力和信仰与自己不同的人，孩子也应该习惯与他们和平共处。如果我们能做到接受、宽容，就能教会孩子不仅要尊重他们，更要客观地评价甚至赞赏他们的特别之处，绝不能用怀疑的眼光看待他们。

家庭的和谐

家庭是孩子体验集体生活和团队合作的第一场所。即使在一个家庭里，分歧也是无处不在的。同样一件事情，有人欢喜有人忧愁。培养尊重、学习接受甚至欣赏彼此间的不同，需要花费许多的时间和耐心。但是在接受彼此的不同，学习团队合作的过程中，我们会发现家庭生活中的更多乐趣。

拥有超乎常人想象的极大的耐心是成为好父母的基本条件。很自然，父母要经受孩子不断的挑战。当父母时常承受考验，又处于责任繁多、身心疲惫的状态下时，要保持耐心就需要付出相

> 好父母
> 才是好老师

当大的努力。这就是为什么说为人父母是所有工作中最难的一项工作的原因所在。

但是，为人父母也是一项最高的奖赏。当我们能够双眼紧盯着"奖赏"，领悟在我们的生命中，没有什么比爱孩子并扶助他们长大，使他成为快乐、可靠、善良和有责任感的成年人更重要时，"父母"这项工作做起来就会容易一些。我们总会有失去耐心的时候，但我们可以把它再找回来。有时候，我们甚至会发现一天之内有好几次因为不耐烦而向孩子道歉。幸运的是，孩子会原谅我们。他们可能没有足够的耐心系鞋带或排队，但是对于诚心诚意想要做好父母的我们来说，他们永远是无比宽容的。

我们希望孩子无论在他们的生活中遇到什么样的困境，都能平静地接受现实，正确地处理问题，坚忍地渡过难关。找到并保持我们自己内心的平静，耐心地对待孩子，我们就能创造出一个温暖的家。这个家或许还会遇到各种生活的挑战，但是不会倾覆。在这样的家庭中，对他人的宽容使我们从微小而重要的细节里，或在匆忙的一瞬间，感受到彼此之间的爱。孩子会从中获得启示，建立对家庭的向往，获得将来独立生活的力量。

如果孩子生活在赞扬中，
他们将学会感谢

> 好父母
> 才是好老师

请把赞扬作为你表达爱的一种方式。你的赞扬能鼓励孩子，让他们感到自己被肯定、被赏识。赞扬可以培养他们完善自我意识，帮助他们对现在以及将来的自我做出正确评价。

父母最重要的工作之一就是表扬孩子的尝试，正如我们表扬他们的成绩一样。我们应该毫无疑虑地、慷慨地表扬孩子，没有什么方法比表扬更能激发孩子的表现欲。我们认识并注意到他们固有的优点，就等于帮他们建造了一座自信的仓库，当我们不在他们身边，或他们遇到困难的时候，孩子就可以去那里找回信心。可以毫不夸张地说，我们慷慨地给予孩子的表扬与欣赏会使他们终身受益。

在表扬孩子的同时，我们也是在示范给孩子看应该怎样评价别人，怎样表达对别人、对周围环境的赞赏，这将有助于孩子与他人建立良好的人际关系，成为一个能够享受人生的人，并以积极的态度面对他们遇到的人和事。赞扬将使孩子对周围的人友善。

发现孩子的优点

孩子只有受到表扬，才会明白赞赏的真正含义。赞赏会触及

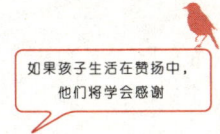

如果孩子生活在赞扬中，他们将学会感谢

他们的价值观和自尊心。每个孩子都应该得到赞扬，这是我们作为父母的责任。

赞扬不应该是有条件的，不应该让孩子为了得到赞扬而去证明自己。父母的一项重要任务就是在孩子成长的过程中，密切关注孩子微妙的独特之处，赞扬他们值得发扬的长处。

在一个家庭野餐聚会上，几个小学高年级的孩子在一起打羽毛球，反复截击，疯狂扑救，吊球失球，玩得非常开心。其中的一个十二岁的孩子瑞安，把他的球拍递给五岁的妹妹，然后让妹妹骑在自己的脖子上，让妹妹也能一起打。能和大孩子们一起玩，妹妹兴奋极了，她有时候还果真打到了球。

当孩子们休息喝汽水的时候，妈妈轻轻地对瑞安说："你能带妹妹一起玩，真是个好哥哥。"瑞安耸耸肩，就和其他孩子跑开了，不过他还是没掩饰住脸上的一丝害羞的微笑。他知道妈妈对他能带妹妹玩感到很满意，这让他打心底里为自己感到高兴，他会记住他的善良和体贴能够得到承认和好评。

即使在孩子表现不好的时候，父母也可以注意发现和表扬他们做得对的地方，特别是注意消除他们心中的负面因素。

> 好父母才是好老师

四岁的弗莱迪和他两岁的小弟弟乔伊在他们的房间里玩,突然,哭声和尖叫声响起,打破了房子里的宁静。妈妈来到他们的房间门口,问道:"出什么事了?"

"乔伊抢我的卡车!"弗莱迪含着眼泪说。他正把一辆金属玩具卡车高高地举在头上,小乔伊则使劲晃弗莱迪的身体,试图够到卡车。

这次妈妈决定不去问他们谁先玩了什么,谁又从谁那儿抢了什么。她对弗莱迪说:"你不希望乔伊玩你的卡车。"

弗莱迪强调地说:"不希望,他太小了。"又补充道,"他会弄伤自己的。"这次语气柔和了些。

妈妈注意到弗莱迪说得有道理。玩具卡车是金属做的,确实是给大孩子玩的。"你能为弟弟着想,真是个好孩子。"妈妈说,"那么,你还有别的他爱玩,而且适合他的玩具吗?"

弗莱迪环顾四周,发现了一辆木头的大卡车。他先把金属卡车递给妈妈,妈妈小心地把它放在乔伊看不见的地方。"我想他可能喜欢这个。"他说着把木头卡车递给弟弟。乔伊笑了,开始玩木头卡车,弗莱迪也接着玩自己的。妈妈把金属卡车拿走了,他终

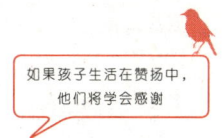

如果孩子生活在赞扬中，他们将学会感谢

于可以放心了，并且为自己担当了保护弟弟的大哥哥的角色而自豪（也许还有一点心虚）。

弗莱迪关心弟弟的安全的说辞，既有可能是也有可能不是他不让弟弟玩那辆卡车的真正原因。即使不是也没有关系，重要的是让他拥有一次做好哥哥的体验，相信自己可以帮助大人解决令人挠头的问题。妈妈相信他在尽最大的努力做个好孩子，这对弗莱迪来说也是极为重要的。让孩子知道我们信任他们，并且期望他们能做到最好，在这样的环境里，孩子就能发挥出自己的能力，甚至超越自我。

通过赞扬传授价值观

当我们赞扬孩子在某些方面做得出色的时候，其实是告诉他们什么对我们是重要的。不幸的是，在当今这个物质至上的社会中，人的价值由其拥有的财产来决定——来自各种媒体的这种观念在冲击着孩子的视听。因此，需要找出适当的办法，使我们自己的非物质至上的价值观不被消费者本位的价值观所压倒。我们

> 好父母
> 才是好老师

可以从让孩子知道我们最爱他们开始。我们要让孩子知道，我们爱他们，不因为别的，只因为他们是他们自己。

孩子每天都会被许多不良信息所包围，有的遮遮掩掩，有的明目张胆，需要我们积极地迎战。从孩子小的时候，我们就应该提醒他们，其实他们并不需要那些广告和其他文化信息里宣扬的必需品。我们应该指出：广告里暗示着财产能够带来幸福、友谊和爱，但是事实并非如此。教给他们对广告的怀疑论，区分欲望与需要，能够帮助他们成为更明智的消费者，成为心情更愉快、心态更平和的人。

当我们向孩子表明我们欣赏的是他们本身，也就是教他们如何正确地判断他们将会遇到的人。杰克上五年级，他的班里来了一个新同学叫蒂莫西。大家都对这个男孩刮目相看，因为他曾经和家人旅居国外，会说好几种外语，还是个运动健将。据说他家的大房子里有各种最新的电子游戏、大屏幕电视和台球桌。这个消息很快就传开了，所有的男孩子都想去他家玩。

然而，当杰克被邀请了，他才发现蒂莫西专横跋扈、不易相处，有时候还很自私。爸爸开车到蒂莫西家接他回家，路上，杰克

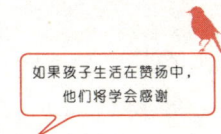

如果孩子生活在赞扬中,
他们将学会感谢

坐在座位上一言不发。

"整整一个下午你们俩干什么了?玩得高兴吗?"爸爸问。

杰克先是描述他们做了什么,然后开始抱怨干什么都得按照蒂莫西的方式,什么游戏他都要赢,还耍赖。

杰克的爸爸认真地听了一会儿。当杰克停顿下来的时候,爸爸问:"那么你觉得蒂莫西待人接物的方式如何?"

"我不喜欢。"杰克强调说。

"嗯,你不喜欢他什么地方?"爸爸问。

"就算他有一房子的好东西,我也不想跟他玩了!"杰克终于爆发了。

爸爸等杰克稍微平静了一点才说:"我为你感到自豪,杰克,因为你知道看人,而不是他们拥有的好东西,这非常重要。"

爸爸支持杰克的判断,因为杰克评价的是人,而不是他的财物。像这样简单的对话,我们从繁忙的生活中抽出一点时间就可以进行,我们可以利用这样的机会肯定孩子正确的价值观,让孩子了解我们的价值观,告诉他们这些价值观是如何体现在日常生活中的。

好父母
才是好老师

真诚的重要性

赞扬孩子很重要,赞扬是否真诚就更重要。父母在运动场外的表现最说明问题。一些父母用行动说明,对他们来说,胜利就是一切。

九岁的罗比正在参加棒球联赛。他打得不是最好,但他喜欢打,而且参加这项运动既能锻炼身体,又能学到一些社交技能。每次他都尽最大的努力,表现也还不错。然而,一天在和另一个队的比赛中,他似乎有些心不在焉。罗比的妈妈站在场外,拼命地为他们队加油。当轮到罗比打球和当外野球飞向罗比的时候,妈妈的加油声就特别响亮。妈妈的喊声越大,罗比就越是掉球,越不知所措。

结果他们队输了。比赛结束后,他妈妈说:"没关系,你尽力了。"但是把妈妈观看比赛时的表现,和她如今的语气拿来一比,罗比就知道其实她不是那么想的。

我们肯定会有对孩子感到失望的时候,不过没有必要掩饰。最重要的是孩子如何看待自己的努力。不顺利的时候,孩子也会

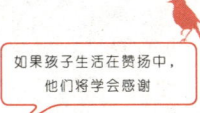

如果孩子生活在赞扬中，
他们将学会感谢

泄气，我们就要把自己的失望情绪放一放。罗比需要的是妈妈紧紧的拥抱和安慰，告诉他不管哪个队赢，妈妈永远支持你。我们必须记住，孩子首先需要学习的是作为运动员的基本素质、互相配合的团队精神、尽他们的最大努力，还有享受运动的乐趣。毕竟，我们对孩子的愿望并不能决定他们的人生，关键在于他们自己的目标和梦想。

我们应该尽量保持思想与行为的一致，这样才能给孩子做个好的榜样。然而，有些时候情况比较复杂。我们一方面希望孩子能说出他们心里想的，做到他们口中说的，另一方面又希望他们领悟什么时候应该绝对诚实，什么时候应该有所保留。我们当然不希望他们欺骗，但希望他们有礼貌并能照顾到别人的感受。教给孩子文雅的礼仪，和"请"、"谢谢"这样的礼貌用语也很重要，但是我们想做更多，不仅仅是教他们使用得体的词语；我们希望他们能真心地感谢别人的体贴和宽容。这不是一项简单的工作，最省力的办法就是用自己的行动给他们做示范，如何求得善良与真诚、诚实与策略之间既微妙又重要的平衡。

> 好父母
> 才是好老师

教孩子欣赏自己

被别人欣赏和自我欣赏是不同的,两者都很重要。我们希望孩子在感情方面成熟起来,学习当他们更独立的时候应该怎样给自己以必要的支持和鼓励。如果他们能自我欣赏,就等于获取了源源不断的情感的养料。当然,这种能力要从小培养。

妈妈去幼儿园接四岁的女儿,当她和老师简短地交谈时,女儿打断了她们,让妈妈看她刚拼好的拼图。

欣赏了女儿的作品,妈妈说:"我为你骄傲,拼得真棒。"

老师轻轻地补充说:"你不为自己骄傲吗?"

孩子笑了。她不但受到了别人的赞扬,还得到了鼓励,她懂得她可以自豪。

赞扬的局限

赞扬不能代替爱与关注。需要注意的是,当孩子经常地希望获得赞扬,说"看我啊,看我做得多棒"的时候,他们实际上是在

如果孩子生活在赞扬中，
他们将学会感谢

说，"请关注我，告诉我我很棒"。孩子一旦频繁地要求这样的关注，就说明他们需要验证父母是否爱护和支持自己，这种需求比需要赞扬更基本。在这样的情况下，仅靠铺天盖地的赞扬是不能让孩子满足的。

四岁的乔舒亚趴在地上，在一个本子上画画，妈妈此时正坐在厨房里的小桌边喝咖啡。

"看我画了什么？"乔舒亚举起他最开始画的画，问妈妈。

妈妈看了看，说："开头画得很好。接下来画什么？"

乔舒亚并没有回答妈妈的问题，而是收拾起他的纸和蜡笔来到妈妈身边，问道："我能坐在你的腿上吗？"

妈妈把咖啡拿开，给乔舒亚腾出地方让他爬上来。她知道儿子需要的是妈妈的怀抱，而不是关于画画的指导。更重要的是，他知道自己需要什么，而且不怕开口提出要求。

有些孩子特别需要关注。在这一方面，每个孩子的需求各不相同。有的孩子喜欢牵手、依偎，而有的孩子只要父母从远处向他挥挥手就能满足。对那些需要更高程度的关注的孩子来说，只有赞扬与欣赏是不够的。他们需要父母的密切关注和爱的表示，这样他们才能确定父母是爱自己的。

当家庭中发生了变故——离婚、父母患病或去世、搬家、父母失业,多数孩子在短时间内会需要更多的关心和帮助。这样的时期,陪伴在孩子身边,与他们讨论发生的事情是极为重要的。通过与他们分享他们的感情与担忧,能使他们得到更多的关注,让他们感到舒适、安全,进而抚平他们的创伤。

快乐的童年

我们希望孩子既要学会赞美别人,也要学会接受别人的赞美。如果他们在赞美中长大,就能学会优雅地接受并心存感激,而不会尴尬、否定或者自夸自大。

我们欣赏、赞美孩子的时候,也是在教他们欣赏、赞美他们周围的世界。每天花一些时间努力去寻找美好的事物,会使孩子的生活更加快乐,使他们童年的记忆更加美好。

如果孩子生活在接纳中，
他们将学会去爱

> 好父母
> 才是好老师

我们用"爱"来描述人类最具活力和最为重要的人生体验。我们所说的爱远远超出了言语所能表达的范围。几乎所有人都会赞同在生命中没有任何事情比爱与被爱更重要。

如果我们全心全意地爱孩子、毫无条件地接受孩子,他们就能茁壮成长。爱是孩子成长的土壤,是决定他们生长方向的阳光,是滋养他们生长的水。

孩子对爱的需求是从他们出生那一刻开始的——甚至从他们出生之前。新生儿完全依赖于父母的温暖、爱护和关心。我们积极的关爱能培养孩子的自信和归属感。当孩子成熟些,他们还是依赖我们,要求我们表现出我们对他们的爱。从我们精心照顾孩子的行为中,孩子最能够理解我们的爱。对孩子的全盘接受是我们爱的源泉。

对孩子来说,感觉被爱是必不可少的。爱是人类最基本的需求。即使在长大成人之后,我们还是希望自己是被需要的。我们还需要保持人与人之间的联系、亲密的关系、爱慕和温暖的接触。我们都希望自己被别人接受,希望结交让自己有归属感的朋友。

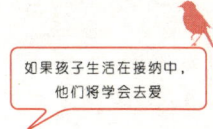

如果孩子生活在接纳中，
他们将学会去爱

如果我们善待孩子，并把对孩子的爱表露在言行中，比如充满爱心的话语或接触，孩子就能感受到自己是被爱、被需要的。只说"我爱你"是不够的。在育儿课堂上，我经常与父母们谈到爱的三个"A"：接受（acceptance）、慈爱（affection）和赞美（appreciation）。父母必须爱孩子、完全接受孩子，包括接受他们的缺点，孩子需要生活在这样的环境里。只有在爱中长大，孩子才能学会爱别人。

无条件地接受就是爱

"接受"就是"接收"，是带给我们自己。接受的过程，就是一个重复地"接收"的过程。每当我们接受孩子，就是在重复把孩子"带给我们自己"的行为，让他们明白他们是多么的被需要、被爱。我们用微笑、拥抱、亲吻和轻拍向孩子传达我们的爱，让他们感受慈爱的温暖，日复一日，年复一年，贯穿孩子的童年，一直到他们成人。

我们若能无条件地接受孩子，就能避免试图改变孩子自身的

> 好父母
> 才是好老师

倾向。为了做到这一点，我们或许不得不放弃我们原本美好的梦想。比如当妈妈发现女儿喜爱阅读的程度远远超过芭蕾，爸爸发现儿子喜欢化学的程度远远超过篮球，此时的父母就面临着更重要的选择：让孩子去实现父母未完成的梦想，还是从感情上支持并接受孩子去追求他们自己的梦想。现在看来，答案很明确，如果我们能为孩子实现他们的梦想创造空间，我们自己的世界也会更宽广、更丰富。

我们还要让孩子了解，完成或听从父母的要求并不是得到父母关爱的先决条件。爱永远是无条件的，不能作为做好事的奖赏。父母绝不能威胁孩子说要收回对他们的爱，也不应该附加条件说"如果……我就不喜欢你了"，或"如果……我就喜欢你"。有些父母担心如果无条件地接受孩子，他们就会"丧失奋斗的目标"。孩子当然需要努力奋斗，但是他们的目标绝不是被父母接受和爱，因为那是他们最基本的权利。

无条件地接受孩子并不意味着就要容忍不适当或不负责任的行为。在接受孩子本身的同时，我们应该抵制他们不能令人接受的行为，坚持原则和底线。

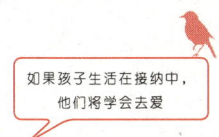

如果孩子生活在接纳中，他们将学会去爱

六岁的杰森又把他的自行车扔在了车道上。爸爸已经说了好几次，让他把自行车放在走廊上，并解释说他怕哪天会不小心把车轧了。但杰森总是忘。终于，一天晚上，悲剧不可避免地发生了，爸爸听到车轮下发出可怕的嘎嘎的响声。

爸爸走进门的时候非常生气，但是他努力控制住了自己的情绪。还不知道发生了什么事的杰森跑上前来拥抱爸爸，迎接爸爸回家。

爸爸弯下腰回应儿子的拥抱，顺势抱起他，语气严肃地说："我想让你看点东西。"爸爸把杰森抱到窗前，从那里可以看到被轧坏的自行车。

"噢，不！"杰森明白发生了什么，不禁叫出声来。他紧紧地抱住爸爸的脖子，把脸埋进爸爸的肩膀。

"你把自行车放在车道上了。"爸爸简洁地说。杰森点点头。爸爸继续告诉他："这就是我担心会发生的事。"爸爸把杰森放到地上，看着杰森的眼睛，"你明白它会被毁了吧？"杰森含着眼泪点头。"走，过去看看。"爸爸又接着说，"也许我们还能把它修好。"爸爸要告诉杰森的就是："即使我不是对你做的所有事都满

> 好父母
> 才是好老师

意,我也还会爱你、帮助你、支持你。"

肌肤接触的重要性

当孩子需要知道他们是被爱着的时候,其实他们需要更多我们对爱的表达,如拥抱、亲吻、轻拍和依偎,来证实我们所说的话是真的。在我们的生活中,对身体接触的渴望可能是最基本、最普遍,也最强烈的需求,无论是新生儿,还是年迈的爷爷奶奶。事实上,最近的研究证明了人们早先的直观认识:充满爱心的抚触具有治愈创伤的力量。在必需的医学治疗之后,充满爱的抚触的温暖能够提高机体的恢复能力。

孩子有权享受我们的爱抚。坐在父母的怀抱中就能使孩子渴望得到安慰的心平静下来,无论是因为他的膝盖擦破了皮,还是因为他的感情受到了伤害。有时候,仅仅一个温暖的拥抱或是轻轻的一拍就可以安慰他们,让他们解脱。

表达我们对孩子的爱是极为重要的。在我的一个育儿班上,一位母亲坦白地说:"我总有罪恶感,因为我对儿子爱得不够。或

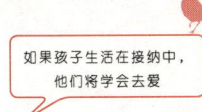

如果孩子生活在接纳中,他们将学会去爱

者应该说,我没有表达出我的爱。"

　　有些父母需要学习如何表达孩子需要的关爱。一位母亲描述了她的童年,她的家是家庭成员之间关系疏远、沉默寡言的。她的父母爱她,但是从没有表达过他们的爱。当她自己当了妈妈,她还是保持着原来的家庭模式。她非常爱她两岁的女儿,但是以她的性格,她不习惯表达她的爱。

> 好父母
> 才是好老师

　　这位母亲对女儿的需求十分敏感,她决心打破这个恶性循环,学习如何表达心中的爱。她每天有意识地多抱一抱女儿,给女儿读书的时候紧紧地依偎在她身旁,帮女儿上下秋千的时候,每次都拥抱女儿。她发现每天都有许多机会向女儿表达爱意,尽管从自己的父母那里她从未得到过。经过几个星期的实践,她回到育儿课堂向大家汇报说:"大家都知道,我开始做这些本来是为了女儿,现在我意识到这对我自己也很重要。"

　　每个孩子都需要父母表达对他们的爱。除了听父母说"我爱你",他们也需要身体语言的表达。永远也不要吝惜表达对孩子的爱,在恒久不变的重复中,孩子才能充分体会到父母的爱。

爱的示范

　　父母的相处之道,包括怎样互相关心,会成为孩子的榜样,他们能够从中学习家庭生活中的包容与爱。孩子善于观察,他们通过观察父母,学习什么是婚姻。我们每天的交流方式会成为他们将来结婚后的行为模式。事实上,我们对待配偶的方式将成为影

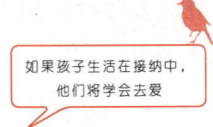

如果孩子生活在接纳中，
他们将学会去爱

响孩子人生的最有影响力的因素之一，会左右他们将来的成功、个人满足度和幸福感。父母之间的关系无论是好是坏，都会影响孩子的择偶标准，成为孩子自己建立家庭时的样本。

既然世上没有什么经营美满婚姻的秘方，我们就必须尽可能为孩子做个好的榜样。一个成熟而正常合理的关系必定是建立在给予和获得的平衡之上的。既接受彼此的坚强和软弱，又给予对方温柔、共鸣和同情。孩子会看到我们怎样互相关心、互相扶持，也会看到我们做不到的时候。当我们彼此尊重、相互支持，彼此给予对方温暖和关爱的时候——在接受彼此的差异的同时，拥有共同的兴趣和价值观，就是在教给孩子如何建立和维持一场幸福的婚姻。

爱是一切的基础

确信自己是被接受、被爱的孩子具有一种内在的力量，这种力量能帮助他们追求他们的目标，帮助他们与他人建立良好的关系。生活在温情、关爱和包容之中的孩子会懂得如何爱自己。当

好父母
才是好老师

他们长大成人，他们将确信自己值得被爱，并且渴望得到爱，同时他们也能够付出自己的爱，接受别人的爱，并努力维系爱的联系。无论孩子怎样度过他们的人生，建立这种关系都是至关重要的。

如果孩子生活在赞许中，
他们将学会爱自己

> 好父母
> 才是好老师

父母的态度塑造孩子的个性。我们可以通过表达对孩子的赞同或反对，鼓励孩子做那些我们认为值得的事情，教给他们许多我们的价值观。同时，我们也可以让孩子了解我们喜欢什么，希望他们在性格、特质以及行为的成长中受到更多我们的价值观的影响。

如果我们因为繁忙而顾不上关注孩子，或者把一切视为理所当然，就会失去引导孩子向理想方面发展的机会。正是一些小事有助于塑造孩子的个性，这些孩子做到的小事正是我们应该赞扬的。

一天下午，爸爸下班回来，七岁的史蒂芬在门口迎接他。史蒂芬把手指放在嘴边，一本正经地低声说："嘘——妈妈在睡觉呢。"

"你真体贴妈妈！谢谢！"爸爸也轻声回答，给了他一个紧紧的拥抱。

我们没必要花费许多时间去制造这样的时刻。实际上，只需一句简单的话或是用一个动作表达出你的赞许就能收到魔法般的效果。妈妈在家中工作的时候，忽然意识到房子里异常的安静。

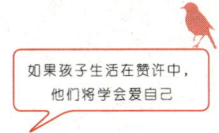

> 如果孩子生活在赞许中，他们将学会爱自己

她走到丽贝卡的房间从外面悄悄地看了看，发现五岁的女儿正在轻轻地给洋娃娃摇着摇篮。

丽贝卡抬起头来冲妈妈微笑，妈妈给她一个飞吻，还竖起了大拇指。回到自己的桌前，妈妈感到很高兴，因为她发现丽贝卡俨然是洋娃娃的温柔的"小妈妈"，已经学会了一个人玩，并为自己感到自豪。

我们谁都不想错过这些小片段，但是在日常生活的忙忙碌碌中它们很容易被忽略。我们需要经常地提醒自己抓住生活中的这些小片段。

传授价值观，培养自尊心

我们可以把赞许作为促进孩子萌发自我意识的方法，帮助他建立一个积极的自我形象和健康的自尊。我们对孩子正确的行为关注越多，孩子就越向正确的方向努力。

爸爸说："今天奶奶来的时候你真是个好帮手。你能扶奶奶从沙发上站起来，真了不起！"

好父母
才是好老师

"是吗?"布拉德惊讶地说。他没想到爸爸注意到了。实际上他自己也没想太多。爸爸的话使孩子注意到自己善意的行为,让他明白善良体贴地对待他人是非常重要的。就这样,父母把家庭价值观传递给了下一代。

有时候我们注意到并加以赞许的孩子的某些优点,有可能是孩子本来没有意识到的。七岁的阿曼达学会了一种用绣花线编手链的新方法。她的朋友都喜欢她的新手链,于是她开始为每个女孩挑选最适合的颜色,给她们做手链。

对于这件事,阿曼达的妈妈可以从好几个方面肯定她。妈妈可以夸奖阿曼达的艺术才能,比如对她说:"你的手链真漂亮。你对色彩的感觉好极了。"也可以着眼于手链的潜在商业价值,可以说:"这些手链太棒了!肯定能在手工作品展览会上卖出去。"而妈妈这次选择的是赞扬阿曼达的慷慨。"给每个朋友做适合她们的手链,你对大家真好!"妈妈说。妈妈选择的夸奖孩子的角度远远地胜过只是欣赏她的兴趣爱好。妈妈让阿曼达知道自己为她的慷慨和体贴感到骄傲,也为阿曼达认识和评价自己的行为打下了基础。

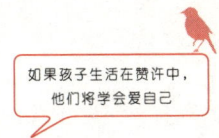

如果孩子生活在赞许中，他们将学会爱自己

当然，不同的家庭有不同的价值观，父母们赞许的事物也会不同。我们对孩子如何评价自己、肯定自己有着决定性的影响力，我们既要帮助孩子发展他们的自我，又要培养他们正在逐渐形成的道德观。

教孩子学习遵守家庭规则

每个家庭都有自己的规矩，有了共识才能使家庭中每天的生活顺利进行。从吃晚餐的礼仪到客厅的整洁程度，再到睡前准备，父母和孩子共同遵守着数不清的规则，才使家庭成员之间和睦相处。这样的规则就像胶水一样把家中的各种事情黏在一起，帮助孩子和父母达到彼此的期望。

有些家规是不能妥协的，比如保障安全方面——坐车要系安全带，滑旱冰的时候要戴护肘和护膝，天气冷的时候出门要戴帽子。有些家规则是为了提高效率或维持秩序，是有弹性的，比如，吃完晚饭要马上把碗放进洗碗机，出门前要把玩具收拾好，作业完成之前不能看电视。在制定和讨论这些规矩的时候，孩子

> 好父母
> 才是好老师

参与得越积极,遵守的可能性就越高,即使在他们没有遵守的时候,接受父母的批评的可能性也会越高。

家规提高了孩子的预见能力,让他们更容易懂得遇事应该怎么办。他们知道只要遵守家规,就能得到父母的赞许,即使大家都心照不宣。如果父母离异,孩子就不得不去了解和遵守两套不同的家规。尽管如此,有规矩可遵循还是让孩子容易适应。最令人惊讶的是,孩子能够准确地理解极其复杂的弹性规则,并能把规则转换成自己的条款。比利对朋友说:"我要问问我妈妈。如果她说'看看吧',那就是同意。如果她说'这得问你爸爸',那就是没戏。"从他的话可以看出他非常了解家里的潜在规则。

孩子一天里会为许多事情来谋求我们的同意。有的时候,孩子认为父母肯定会接受,纯粹要求得到许可。阿蒂在后门大声喊:"妈妈!我去隔壁看看小狗,行吗?"妈妈还没来得及回答,就听见纱门啪地关上了。妈妈知道他是在遵守让妈妈知道他在哪里的家规,即使只是去隔壁玩。

有些要求就比较复杂,需要父母和孩子一起讨论后达成协议。一个星期六的下午,十一岁的玛丽安接到朋友去看电影的邀请。

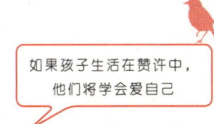

如果孩子生活在赞许中，他们将学会爱自己

但是这个星期她都没有收拾房间，她家规定如果房间不整洁的话，周末就不许和朋友出去玩。玛丽安现在没时间收拾房间了，可是她又非常想接受朋友的邀请。

妈妈和玛丽安坐在一起，经过讨论，得出了一个折中的办法。她们同意这次让玛丽安去看电影，但是她必须先花十五分钟开始打扫，并保证回来后把房间收拾完。她们还谈到定期的任务最好随时完成，不要总拖到最后期限。玛丽安可以和朋友去看电影了，经过这件事，她也意识到她一拖再拖的习惯不好。

如果孩子小时候就能够参与协商并执行协议，那么当他们进入青春期的时候，事情就会好处理得多。当你十几岁的孩子说："我放学后跟朋友出去，晚一点儿回家。"此时虽然不能对孩子严加逼问，但你还是要弄清楚他是跟什么朋友一起、去哪里、怎么去，以及"晚一点儿"是几点钟。

如果可能，最好在孩子提出议题的时候就给予肯定。比如用赞许的语调对孩子说"你能提出来，我很高兴"，这样就帮助孩子把征求父母的允许作为一种思维模式。这样做也说明了一种观念，那就是父母与孩子之间是合作关系；尽管孩子的独立意识越来越强，父母还是有必要继续保护孩子不受伤害。为孩子保留这样的空间，就能使他在制定计划时，以新的角度审视自己。他知道父母希望自己按他们认可的计划发展，除非孩子和父母之间形成公开的敌对关系，否则，大多数孩子，即使是处于青春叛逆期的孩子，在大多数情况下还是会争取让父母满意。

学习遵守规则，并生活在家庭的框架中，能够为孩子以后适应更大的团体，如学校、工作单位做好准备，为他们最终在社会中找到自己的位置奠定基础。有了在家庭中的经验，孩子会慢慢懂得法律是人们制定的最根本的规则，法律能保障事情的顺利进行和每个人的人身安全。他们会认识到，无论是个人之间还是国家之间，正是规则保证了世界的正常运转。

坚守自己的价值观

当我们表示同意或不同意的时候，实际上是在表达我们的价值判断：正确或错误，好或坏，更好或更差。即使我们有时候不说出我们的态度，孩子也能敏锐地觉察出我们是赞成还是反对。但

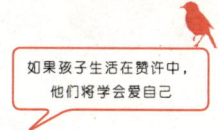
如果孩子生活在赞许中，他们将学会爱自己

这并不意味着他们的行为会始终受这种感知的影响。孩子成熟后必定会建立自己的标准和价值观，或许与我们的不尽相同。有时候我们会觉得失望，但如果孩子长大成为一个有责任感的人，做决定的时候真诚、尽责，那么无论他们的决定我们是否赞同，我们都应该为他们感到高兴。

尤其是在青春期，来自同龄人的压力往往给孩子的生活造成非常大的影响。我们不可能总陪伴在孩子身边，也不可能指挥孩子的行动。这就是为什么要教给孩子做符合道德标准的决定。但是如果我们采取强硬的态度，就只能引来孩子的反抗。当孩子到了自己做决定的年龄，他们可以利用坚实的基础，做他们认为正确的事情。

因此，我们自己的行为所起到的示范作用就至关重要。我们可以告诉孩子撒谎是错误的，如果孩子对我们撒谎就惩罚他们，但是当孩子听到我们为了去看棒球比赛给单位打电话装病请假，他们会怎么想呢？如果我们希望孩子的行动能遵循较高的道德标准，我们自己首先就要以身作则，虽然有时候做起来并不那么容易。

{好父母
才是好老师

　　我们希望孩子自爱，培养积极的自我意识，不为他人的看法所左右。我们希望孩子能够正确评价自己的行为，并拥有强大的内心力量来支持自己的行动。

　　十二岁的布鲁斯经常去附近的杂货店，有时候是帮妈妈买东西，有时候是为自己买汽水或零食。布鲁斯知道别的孩子在店里偷东西，尤其是一位看上去根本不在乎的店员当班的时候。

　　一天，布鲁斯去那家商店买东西的时候，特别想买一种零食，但是妈妈给他的钱只够买牛奶和鸡蛋。他知道有一个简单的办法——那天是那个"笨店员"当班，而这个"笨店员"当时正在专心致志地看杂志。

　　布鲁斯决定不去占这个便宜。他知道，如果自己偷东西，父母会非常失望，尽管他也知道就算偷了大概也不会被发现。担心让父母失望的念头令他放慢了动作，但并不能成为阻止他偷东西的原因。布鲁斯已经十二岁了，在他的道德标准中，已经有了"偷盗是错误的"这一规则。他很自爱，即使周围存在着诱惑，他也愿意做正确的事情。为了保持内心的平静和良好的自我感觉，布鲁斯抵制住了偷盗的诱惑。

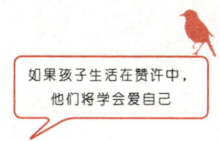

如果孩子生活在赞许中，
他们将学会爱自己

我们的评判对特殊行为只能起到有限的作用。我们要帮助孩子建立自尊心，使他们以自己的方式爱护自己，在面临外界不可避免的压力时坚持自己认定的真理。

教孩子爱自己

当被问到希望孩子得到什么的时候，多数家长都会回答："我只希望他们快乐。"尽管喜欢自己并不能自动地转化为幸福，但绝对是一个不可或缺的重要成分。喜欢自己的孩子比较自信，又不自私自利。他们会与他人建立更密切、更稳定的关系，他们成人后，他们的孩子也会像他们一样。

五岁的劳瑞尔在和奶奶玩化装游戏。每次她从想象中的更衣室——其实是她的玩具柜——里出来时，奶奶都鼓掌并问一些关于她新搭配的衣服的问题。

"你穿这身衣服要去哪里？"奶奶想知道。

劳瑞尔蹒跚地踩着妈妈的高跟鞋，竭力摆出端庄的样子，说："我要去舞会。"

> 好父母
> 才是好老师

"那王子会爱上你吗？"奶奶问。

劳瑞尔看着奶奶，皱起眉头，认真地思考起来。"可能吧。"她回答，好像并不关心这个问题。然后，她双臂交叉，给自己一个拥抱，跑到奶奶跟前，倒在奶奶的腿上，咯咯地笑起来。看来王子的赞许对她并不重要。劳瑞尔显然单纯是在为自己而感到高兴。她的笑声极具感染力，奶奶也笑了，她知道孙女会过得很好。

作为家长，我们与孩子制定的规矩恰恰反映了我们重视的事物，这些事物组成了我们对孩子的期望，帮助孩子学会区分对与错、好与坏。如果我们对孩子有现实的期望，如果我们坚持原则又灵活变通，如果我们和孩子一起维护我们的家庭，尊重孩子的贡献，并使他们的贡献与家庭融为一体，那么孩子就更容易得到我们的赞许。在这样一个充满支持和养分的环境中，孩子可以自由地塑造最完美的自我，同时得到最好的礼物：他们是被爱着的，因为他们自己的特殊才干而被欣赏。这个礼物将为孩子的成长提供最好的基础，令他们成人后能够尊重自身的价值。

如果孩子生活在认同中，他们将树立目标

> 好父母
> 才是好老师

你可曾在闹钟、卫生间的镜子或家门上贴纸条？你有没有发现，你和我们其他人一样，已经习惯了纸条的存在而对它熟视无睹了？这就是为什么贴在冰箱门上的警告——"打开这个门会威胁你的健康"——根本不起作用的原因，因为我们不再注意它了。

同样，有时候我们对孩子也会视而不见。我们整日被生活中无数的需求所包围，以致忘记关注孩子。我们送他们去学校，为他们做晚饭，监督他们的一举一动，却没有停下来跟他们做一次真正的交谈。

认可意味着"再认识"——重新观察。孩子成长和变化的速度惊人。小婴儿一转眼就长成蹒跚学步的幼童，少年则一晃就进入青春期。孩子就在我们的眼皮底下长大，我们却因为繁忙而忽视了他们成长的步伐。我们应该努力不断地重新认识他们，就像第一次看见他们一样。

认可孩子并不困难，只要花时间关注就能做到。关注本身就具有帮助、安抚、激发和鼓励孩子的作用。

一天，四岁的埃丽莎和妈妈在秋天的公园里散步，她拉着妈

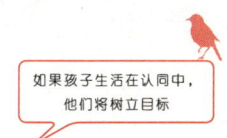

如果孩子生活在认同中，他们将树立目标

妈的袖子说："我们去那边行吗？我想捡那些大叶子。"

"可是，宝贝，草地是湿的，再说你已经捡了好多叶子了。"妈妈回答。

"但是我没有那种叶子，我要收集所有的叶子。"埃莉莎坚持说。

妈妈惊讶地低头看着女儿，她注意到埃莉莎在捡叶子，但是她并没多想。她没想到埃莉莎是在收集，事实上她更惊讶于埃莉莎居然知道什么是收集。妈妈认识到女儿能设立一个目标，并且实施，说明她的独立意识正在萌发。妈妈停下脚步，欣赏了一下埃莉莎手里的一大把叶子，看着她穿过草地，跑向一棵老橡树。在回家的路上，母女俩谈论着各种树的名字，还有各种树叶的颜色和形状。

如果我们拿出时间认真地观察孩子，听听他们说什么，看看他们做什么，了解他们怎么想，当孩子学习如何为实现目标而努力的时候，我们就能够更容易发现和肯定他们的奋斗。做到这一点有助于我们判断什么时候应该让孩子自己做，什么时候应该伸出援助之手。

> 好父母
> 才是好老师

循序渐进

从我们第一次不把玩具递给孩子，而让他们历尽千辛万苦地爬过来拿，就是在教给孩子有目标是件好事。当我们为她去拿玩具的尝试鼓掌欢呼时，正是在认可她的努力。当她最终把玩具抱在怀里的时候，我们也会分享她的喜悦。

当孩子长大一点，设立并完成目标能够帮助他们增强自信，树立"我能行"的态度。作为家长，我们应该帮助孩子明确目标，并设法确保目标是孩子能够实现的。我们可以为孩子考察目标是否现实，为他们提供脚踏实地的建议，避免他们的想象过于高远。当孩子朝着目标努力时，我们可以给他们鼓励和支持。

无论老少，任何人在开始朝着目标努力的时候，第一步都是要弄清楚希望达到的是什么样的目标。第二步是要确认需要做什么，把目标分割成几个部分。如果我们能帮助孩子完成这些步骤，就帮了他们的大忙。当孩子按照这些步骤进行时，他们会懂得怎样把 A 做好就能使 B 发生，而后又使 C 成为可能，最终他们会发现：一旦所有的步骤都完成了，目标也就实现了。

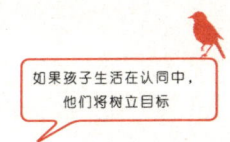

如果孩子生活在认同中，他们将树立目标

　　这种方法听上去似乎很简单，但令人吃惊的是，在一开始就能给过程规划步骤的人却非常少。我们大多会莽撞地一头扎进工作中，根本不花费时间做计划。这样做容易分散目标，半途而废，或迷失方向，从而失去重点和动力。对于孩子来说，这肯定不是好的行为模式。当我们开始做一项工作的时候，要首先制定战略，在进行过程中让孩子了解进度状况，达到目标时一起庆祝。无论是粉刷房子，还是整理花园，或是缝制被套，孩子会观察我们如何制定和实施计划，也包括我们选择建立什么样的目标。

　　俗话说，过程与目标一样重要。这句话不仅帮助我们有条不紊地向目标迈进，更提醒我们当孩子为实现他们的目标而奋斗时，一定要对他们的蹒跚起步给予关注和赞扬。

　　五岁的杰奎琳想为爸爸妈妈收拾床铺，给他们一个惊喜，她围着大床忙前跑后，终于把床罩盖上了。

　　妈妈和爸爸感谢她说："铺得真棒！你可帮了我们一个大忙了。"杰奎琳高兴地跑出去玩，爸爸走向床边，伸手要去拉直床罩的一角。

　　"千万别碰！"妈妈笑着警告爸爸说，"杰奎琳的作品需要我

> 好父母
> 才是好老师

们原封不动地认可和接受,别把它弄坏了。"

"你说得对。"爸爸同意。他意识到赞赏女儿的努力比整洁的床铺要重要得多。

积累的重要性

一些孩子能够看到他们的努力与结果之间的关系。在年幼的时候,他们就知道弹钢琴、做运动、打棒球或是任何他们感兴趣的事,只要多练习就能做得更出色。而有些孩子却并不太明白这种关系,他们会充满惊讶和钦佩地问那些做得出色的人:"你怎么能做得这么好?"他们还不明白,日积月累的努力能够带来成果。对他们来说,成功简直就是一个神话传说。

通过给孩子解释他们的努力是如何积累的,我们可以帮助孩子认识到要达到目标或完成任务并不需要魔法。伊丽莎白和克拉拉都是十二岁,她们打算去参加曲棍球夏令营。她们知道,整整两个星期,她们都将每天在场地上度过。克拉拉从夏令营开始前一个月就进行锻炼,慢慢地提高耐力,最后每天早上能跑三英里。

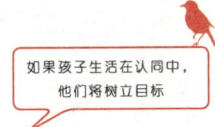

如果孩子生活在认同中,他们将树立目标

伊丽莎白却说到了夏令营,她自然就能适应那里紧张的训练日程。

伊丽莎白的妈妈担心女儿会受打击。她知道伊丽莎白不愿意听别人的命令,于是决定问女儿一连串的问题,提醒她应该早做准备。"你每天要打几个小时的球?""夏令营有没有什么关于事前准备的建议?"妈妈不说"你应该开始训练了",也不会表现出比女儿懂得多的样子。相反,妈妈只是引导女儿自行提前筹划。她们一起讨论了参加夏令营需要具备的素质和伊丽莎白所能做的准备。在妈妈及时而含蓄的诱导下,伊丽莎白觉得自己的确应该提前开始训练了。

> 好父母
> 才是好老师

为了目标，节省开支

得到零花钱是孩子学习金钱的价值的最初机会：各种东西值多少钱，怎样养成存钱的习惯，以及为某个特定的目标存钱。当孩子自己管理自己的钱的时候，他们很快就会明白如果一直坚持忍住不买糖，或许过一段时间就能买像轮滑鞋、电子游戏机、洋娃娃或者自行车那样的大东西。这也是一个好机会，能锻炼孩子独自做决定的能力。当孩子想要某样玩具或电子游戏机，父母却不同意买的时候，也不意味着绝望。拥有零花钱令孩子有更多的发言权，还可以减少父母与孩子在如何用钱这一问题上的争执。

如何给零花钱定位，父母们的观点也各不相同。在一些家庭中，孩子可以通过完成某些规定的家务活来赚取零花钱。而在另一些家庭里，零花钱不与家务活挂钩，但是孩子可以通过完成额外的任务得到钱。我个人认为，最好不要把零花钱作为日常家务活的报酬，像准备或收拾餐桌、扔垃圾、喂狗等。我们希望孩子认识到，作为家庭的一员，他们也有自己应该完成的任务。更确切地说，零花钱应该被看做既是分配家庭收入的一种方式，又是承

> 如果孩子生活在认同中，他们将树立目标

认孩子是参与家庭生活的重要成员的一种方式。

十二岁的萨姆打算到春天时买一块滑板，为此他已经存了好几个月的钱。他父母觉得滑板并不是必需品，就让他用自己的钱买。萨姆不情愿地认同滑板是他"想要的"，而不是"需要的"。但是当四月都快过去了，他还差二十块钱时，他有点泄气了。

"为了存钱，整个冬天你都干得那么好，现在你能通过做什么事来把剩下的钱挣到呢？"萨姆的爸爸问他。

"嗯，现在干园艺活还有点早。"萨姆无精打采地说。

"对，不过现在洗车最合适。把一冬天的污垢都洗刷干净。"爸爸为萨姆指明了方向。

这下萨姆高兴了："耶！为春天做好准备。"于是萨姆在小区里贴出广告，得到了五六个洗车的活。他甚至还雇了弟弟来帮忙。

在萨姆实现买滑板的过程中，爸爸给了他很大的支持，提醒他已经取得的成绩，并帮他弄清为达到目标，下一步应该做什么。这个经历让萨姆学习了如何存钱和挣钱。更重要的是，他学会了不轻易放弃目标，坚持到底，直到找到实现目标的途径。

> 好父母
> 才是好老师

分享孩子的梦想

我们希望孩子对他们的梦想和目标抱着积极、乐观的态度。我们知道在实现梦想和目标的过程中,必定会有令人沮丧的时候,但是通过认清每一个步骤,鼓励他们在逆境中坚持,就能帮助孩子保持积极的态度,达到他们为自己设定的目标。

我们有很多机会肯定孩子,鼓励他们的积极性。一天下午,我家的门铃响了。我打开门,门外站着邻居家八岁的女儿和她的三个朋友,四个人都面带微笑地看着我。她们每个人都拿着一串五颜六色的纱线做的链子,上面还缀着一个陶土珠子和一些小玻璃珠。"这是我们做的!每个人都应该拥有一串,只要五十美分。"她们说。她们的热情让人无法拒绝,我买了两串。

它们现在挂在我家餐厅的窗户上,早上的阳光照在玻璃珠子上,五彩斑斓。它们是什么链子?是用来做什么的?我不知道。我买它们是为了鼓励这些孩子的"创业精神",让她们知道拥有目标是一件好事。我把链子放在餐厅,是因为它们会带给我微笑,也会给我鼓励。

如果孩子生活在分享中，
他们将学会慷慨

> 好父母
> 才是好老师

生活在一个家庭里，就意味着与大家分享我们的时间、空间和精力。无论是在用卫生间、玩玩具、坐车或是用钱方面，孩子经历了与家庭成员的合作和让步，就能学会与他人分享。当我们大方地与他人和孩子分享时，我们是在示范给孩子看什么是慷慨。真正的慷慨不是教出来的，但我们同样可以提供给孩子一个无私的榜样，希望他们学习。

我经常听到父母对孩子说"必须"分享。我们或许以为这是在教孩子分享，但是其实我们只是在教孩子按我们说的去做。他们没有学到任何关于慷慨的概念，就不会主动地去与大家分享。

从婴儿时期开始分享

我们必须承认，我们希望孩子与他人分享的部分原因是，不愿意让别人认为我们的孩子自私。然而一定要记住，这只是孩子幼年的局限。从自私转变为无私，需要一个缓慢而渐进的发展过程，取决于孩子能否考虑他人的情感和需要。年龄太小的孩子做不到与他人分享，那是因为他们还不会设身处地地为他人着想。做到以第

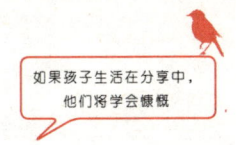

如果孩子生活在分享中,他们将学会慷慨

三者的视角看世界,需要从孩子到成年人这一过程中的长期培养。

摇篮里的婴儿"拥有"宇宙中的一切,包括他的爸爸妈妈。事实上,新生儿甚至不能分清自己和父母。婴儿成长发育的一个重要标志,就是他能够认识到妈妈是一个独立的存在。

年幼的孩子表现自私也是很自然的,因为他们还不能理解别人的观点,他们只有自己的观点,他们什么都想要,而且马上就要。那么如果你的孩子有这样的表现,你会怎么办?在这个星球上的无数的孩子都是这样的。我们作为家长的职责之一,就是一点一滴地教会孩子无私。

最好先从无需自我牺牲的分享开始。这种培养可以从很小的时候开始,即使他还坐在婴儿椅里,也可以通过强调某些关键词语向他们介绍分享的概念,比如把"一"分为"几"。"我们分胡萝卜:你得到一些,我得到一些",或者"妈妈一块曲奇,爸爸一块曲奇,宝宝也有一块曲奇"。随着孩子的成长,他们会学到更多、更丰富的分享方法,如客人优先。

年幼的孩子的社交生活始于他们在小伙伴身边玩耍,心理学家称之为"平行玩耍"。他们喜欢有小伙伴在身边,注意彼此,但

> 好父母
> 才是好老师

又交流不多。到两岁半左右，他们才真正开始一起玩，这代表着孩子在社交能力上迈出了重要的一步。在这个时期，他已经具备了分享的基础。

两岁半的托马斯正在玩一套木头卡车，和他一样大的大卫走过来，拿起其中的一辆。托马斯立刻把卡车夺了回来。通常在这种时刻，大人会介入，主张让孩子一起玩，但其实让孩子们自己解决会更好。

如果托马斯不把卡车给大卫玩，他就会失去玩伴。如果让大卫玩，托马斯就会明白通过分享可以增加玩伴的好处。在这种情况下，我们可以提醒托马斯，其实大卫想和他一起玩；但是如果托马斯不愿意，我们也不必强求。我们可以告诉大卫，托马斯可能想过一会儿再和他玩，并帮大卫找一个别的玩具玩。尽管我们希望孩子能够与他人分享，但我们也要尊重他们，让他们有权利创造并继续他们自己选择的活动，因为我们想看到的是孩子自己做出的与他人分享的决定。

在这个过程中，孩子天生的好奇心理常常起到很大的作用。被托马斯拒绝之后，大卫开始玩一套"诺亚方舟"，一条载着许多

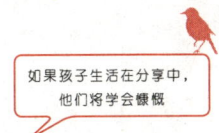

如果孩子生活在分享中，
他们将学会慷慨

漂亮的动物的木头船。托马斯看了看大卫，那些动物引起了托马斯的兴趣，而且大卫看上去玩得很开心。托马斯继续观察大卫，兴趣也越来越浓，最终他抱着几辆卡车走到大卫身边，递给大卫一辆让他放在方舟上；大卫则回赠给托马斯一对斑马让他放在卡车上。孩子们终于体会到一起玩比一个人玩的乐趣要多得多。

当孩子长大一些时，我们希望他们能自觉地与他人分享。不过我们也不能仅仅依靠孩子的善意。分享需要对孩子有益而不能让他们觉得吃亏。有时我们可以化解危机，使分享成为有吸引力的选择。

一天下午，四岁的安迪去他的好朋友杰夫家玩。杰夫家房间里放满了玩具。看到杰夫在画架上放好一张白纸，安迪走过去说："我也想画画。"杰夫的第一个反应是抓起画笔。杰夫的妈妈看到麻烦即将发生，马上又拿过来几支画笔和一张非常大的纸。"给，孩子们。"妈妈说，"你们一起画好不好？"这下孩子们高兴了，因为分享使他们拥有了更多：有了更大的画纸就可以画更多的画。杰夫妈妈的行动使孩子们分享起来更容易。

许多孩子在上幼儿园之前，就早早地懂得了分享和拥有的基本概念。这个年龄的孩子能够理解拥有、使用和借用的区别。他们知

> 好父母
> 才是好老师

道哪些是自己的、哪些是别人的、哪些是公用的。在学前班里总是充斥着"我的"、"不,是我的"、"不对,是我的"这样的叫喊声,那是幼儿们正在学习在什么样的情况下用何种方式与他人分享。

当然,我们也要理解有一些东西,比如一只泰迪熊、一块小毯子,可能对孩子有着特别的意义,它们代表着温暖、舒适、爱和安全。当孩子和他们的特殊物品在一起的时候,他们会有强烈的归属感,仿佛坐在妈妈的腿上一样。每个家庭成员都应该尊重这些特殊物品,不应该要求他们拿出来分享,或加以没收以示惩罚,甚至当成取笑的话题。如果他们的宝贝被兄弟姐妹或来访的小朋友抢走,绝对不能强迫他们放弃。我们可以向夺人所爱的孩子解释有些东西是不能分享的,他(她)可以玩其他东西。

记住,孩子钟爱的旧毯子不会褪色,它们会被一直用下去。一些泰迪熊会被带进大学,陪伴孩子度过更长的岁月。

"把小宝宝送回去"

对年幼的孩子来说,最困难的事情之一就是需要和新出生的

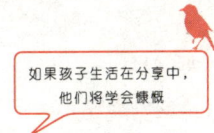

如果孩子生活在分享中，他们将学会慷慨

婴儿分享父母的关注。第一个孩子自然而然会感到自己失去了某些东西。在某些方面，这确实是事实。父母需要满足两个小孩子的需求，这对他们的时间和精力都是一个极大的考验。第三个以后的孩子就不像第二个那么困难，因为那时孩子已经习惯分享。

四岁的达利尔刚知道自己就要有一个小弟弟的时候很兴奋，他盼望着自己成为家里的大哥哥，然而当小婴儿从医院回到家，他才发现事情并不像他想象的那么有意思。

"你不跟我玩了。"他向妈妈抱怨道。

"是啊，达利尔。"妈妈叹了一口气，她实在是筋疲力尽。"自从有了小弟弟，一切都变了。等下午小家伙睡了，咱们或许可以玩玩'滑坡与梯子'游戏。"妈妈接着说，其实心里希望自己也能睡个午觉。

达利尔的父母为了小弟弟的出生，提前帮他做了心理准备，也细心地表达了他们对他这个好哥哥的赞赏。他们每天都尽量抽出时间和达利尔单独待一会儿。所有的家庭成员和来访的朋友都很关心达利尔，给他更多的关注，很多人还给他带来了礼物。这些都有助于缓解达利尔心中的不安，但是不能改变他失去独生子的特权这一事实，现在他不得不和一个非常费事的小婴儿分享爸爸和妈妈的关心。成年人懂得生活就是这样的，但是对达利尔来说却是一种严重的不公平。我们不可能像那些做了哥哥姐姐的孩子所希望的那样"把小宝宝送回去"，但是我们可以倾听孩子的心声，认真考虑他们的感受，尽可能地安排出时间来和他们独处。

和孩子共享时光

真正的慷慨意味着敞开心扉，付出而不求回报。我们给予是因为有人需要，而且我们关心他们。或许会造成牺牲或不便，但是我们并不把这些看做损失，因为分享本身就是一种回报。

这种描述正是我们为人父母的写照。我们为孩子付出是因为他们需要我们。当他们身处困境的时候，我们会付出更多，优先满足孩子的需求，而把自己放在一边。如果我们希望孩子以某些具体的方式立刻报答我们，我们将会失望。支撑着我们不停为孩子牺牲的，不是回报，而是从他们出生的那一刻起就占据我们心灵的、对孩子强烈的爱与关心。

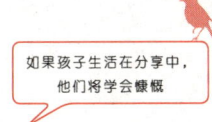

如果孩子生活在分享中，他们将学会慷慨

我们为孩子的付出之中，最重要的是我们的存在和关注。永远不要忘记，无论任何年龄的孩子，和他们在一起就是最好的育儿方法。但是，有时候和孩子分享我们的时间会非常困难。许多父母都为无法均衡地分配时间而感到为难。忙于工作、家庭、婚姻和孩子之间，很多人感叹"分身乏术"。对于单身父母来说，这样的问题尤为突出。

一位离异的父亲决定花一些时间和十一岁的儿子待在一起。"咱们制定一个特别的计划，来一起做些什么，只有你和我，怎么样？"儿子的反应很谨慎，他怀疑地看着爸爸，严肃地问："那是什么意思？"

逝去的时光无法弥补。重要的是，我们要把与孩子在一起的时光过得有意义。在这方面，我们必须诚实地对待我们在生活中所做的选择。当我们对自己说"现在我要努力工作，多用一些时间，等我取得了一定成就之后，我会多拿一些时间陪家人"的时候，我们或许可以欺骗自己，但却不能欺骗孩子。有没有我们，孩子都会长大，当我们回过头来把注意力转向家人，打算多花些时间和孩子在一起的时候，他们可能已经难以接受我们，或者他们已经没有时间了。明智的做法是始终优先为孩子安排时间。说起来容易做起来难，经济和事业上的压力都会让我们难以下决定。重要的是我们要时刻谨记，孩子一转眼就会长大，为了他们，我们需要尽最大的努力守候在他们身边。

有时候我们陪在孩子身边，却错过了和孩子的交流。弗兰克的妈妈是一名非常积极的志愿者，她志愿在教堂为少年团做事。当弗兰克也参加少年团的时候，他为妈妈保护他们一起出行而感到自豪。然而，当他长大一些，开始活跃在周末的运动队的时候，冲突产生了。妈妈仍旧经常参加少年团的会议，而他在足球场上的时候却没人在看台上为他加油。弗兰克的妈妈是一个做事善始善终的人，她发现自己很难中断对少年团的投入，尽管她知道她应该把时间和精力放在别的更重要的地方。

"连比利的妈妈都来了，"弗兰克抱怨道，"他差不多一直是板凳队员。"

弗兰克现在需要妈妈把时间和关注放到新的地方，希望妈妈参与到他现在的活动中来。

我们的时间和精力是有限的，我们需要根据孩子的发展情况

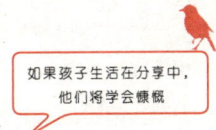
如果孩子生活在分享中，他们将学会慷慨

来不断重新衡量我们应该优先考虑的事情和我们应该参加的活动。与孩子分享我们的时间，意味着我们应该灵活机动地根据孩子的需求而调整日程。我们要跟上孩子的成长变化，无论是他们小的时候，还是长大一些以后，都要陪伴在他们身旁。

充分利用与孩子共度的时光

我们与孩子一起度过的时光的质量，和我们投入的时间的长短一样重要。如果我们吝惜为孩子付出时间和精力，孩子就会觉察出我们的不情愿和不耐烦，不会认为我们慷慨。

九岁的朱莉亚要在学校的集会上朗诵诗歌，她请妈妈帮她准备。"好的。"妈妈马上同意了，"不过得快点，我还要回几个电话。"尽管朱莉亚很高兴妈妈能帮她，但她还是觉得太匆忙了。更糟的是，她的心开始往下沉，她想，自己的朗诵并不重要，应该尽快地弄完，妈妈的电话才是更重要的。

当我们慷慨地把时间花在孩子身上的时候，他们会知道，我们所选择的与他们共度的时间至少和父母生活中的其他时间一样

> 好父母
> 才是好老师

重要。尽管他们还需要理解,无论他们多大,我们都不可能把所有时间花在他们身上,但是每天至少会有几分钟,他们可以享有父母完完全全的关注。有些时候,我们连挤出这短短的几分钟都会觉得困难,可我们要记住,这绝不是个过分的要求。

培养助人之心

当孩子帮助那些需要帮助的人,他们的分享就上升到了另一个层次。孩子经常被邀请参加一些由学校或者宗教团体组织的募捐活动,比如感恩节的食品募捐,或是圣诞节的玩具募捐。孩子大多喜欢这种分享。他们认识到他们的家里有太多的食物和玩具,很容易理解如果没有充足的物质会多么难过。他们不用牺牲任何东西,当他们和大家一起付出的时候,他们享受着善意得到实现的满足。我们一定要利用这样的机会来让孩子体会与那些需要帮助的人分享的喜悦。

一旦开始注意他人的需求,一些孩子就会以一种非常直接的方式对那些需求做出反应。我们应该鼓励孩子按照他们的本能去

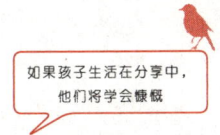

如果孩子生活在分享中，他们将学会慷慨

帮助别人，即使那样做或许会给我们带来不便，或者牺牲自己的利益。孩子或许需要我们帮助他们出谋划策，解决他们看到的问题。有的孩子会选择利用业余时间做志愿者，或者为崇高的事业捐出一部分零用钱。孩子能够独立地完成一些令人惊讶的事情：一个十一岁的男孩发起了一个毯子募捐活动，后来发展为一个更大规模的项目，向无家可归的人提供外套、热咖啡和三明治。随着项目的发展壮大，尽管有成年人帮助他，但是男孩依然在起着组织核心的作用，他继续在最前线工作，运送毯子和外套，还做过募捐活动现场的发言人。

分享的喜悦

当孩子在习惯于彼此分享的家庭中长大，他们就会感受到付出的重要性和快乐。孩子到了十几岁，就会懂得父母为养育孩子所做的付出。此时，他们就能够开始回报。

一天晚上，五岁的萨迪在学习单词，妈妈为了帮助她，陪她到很晚。第二天早上，妈妈发现了一张萨迪写给她的纸条："谢谢你

> 好父母
> 才是好老师

陪我到那么晚。我真的感谢你的帮助。"

这样的时刻让我们恢复身为父母的信心。当孩子开始赞美我们为他们所做的，我们就可以感到放心，因为这说明孩子正以他们的方式理解慷慨的含义。慷慨是一个宏大的课题，需要用一生去领悟。

我们希望孩子在成长过程中学会如何不图回报地与他人分享，把分享作为关心和归属感的表达方式。我们希望他们能够和别人分享自己，为社区尽力，奉献他们的时间、精力、热情和财富。不是所有人都能做到这样的慷慨，只有那些生活充实的人才能做到，他们使世界变得更美好。

如果孩子生活在诚实中,
他们将学会真诚

> 好父母
> 才是好老师

真理可能是最难教授的东西。尽管大多数父母认同培养孩子的诚实和真诚极为重要,但事实是,从某种程度上来说,我们每个人在日常生活中都做不到完全诚实。以何种方式、于什么时机、诚实到多大限度,都是一个非常复杂的个人判断。我们大多只给孩子讲美好的故事,像圣诞老人和牙齿仙女的故事,但是有些父母却认为讲这种故事也是一种不诚实。一些父母认为为了让孩子坐飞机免票或买优惠电影票,不妨谎报孩子的年龄,而有些家长则不能接受。不管我们每个人的标准如何,我们都会偶尔撒个小小的谎,这样做只是为了省些麻烦,节省时间,或者避免他人受伤害。即使面对相似的困境,我们也不能肯定自己会做出同样的选择,因为说出真相往往是一件很困难的事。

什么时候应该道出完整的真相,什么时候应该隐瞒,甚至说谎,连成年人有时都难以判断,孩子就更会感到困惑了。他们知道我们喜欢诚实的孩子,希望他们说真话,但是他们也会看到我们的自相矛盾,他们的真诚有时真会令我们苦恼。我们深知这个问题很复杂,究竟怎样才能让孩子领悟真诚的重要性呢?

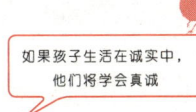
如果孩子生活在诚实中,他们将学会真诚

教孩子学会诚实地表述

我们可以从帮助孩子认识诚实和真诚是同一事物的两个不同方面开始。诚实涵盖着广泛的行为,包括我们观察和体会事物的能力,我们不能扭曲事实、主观臆断、逃避或者否定事实真相。真诚指的是我们的表达能力,这种能力取决于我们能否正确而清楚地描述自己观察和体会到的事物。等孩子长大一些,我们还要培养他们的判断能力,区分在什么样的情况下应该保留或隐瞒一部分事实。他们也要能够辨别欺骗和善意的谎言。欺骗是有目的的诡计,诡计本身就是错误的,不仅仅是错误表述事实的问题。

第一步就是要教孩子认识和面对现实,即使那会令他们不舒服或不情愿。我们希望他们能够完整而准确地向我们汇报在什么样的情况下发生了什么,或者他们做了什么。这就涉及一个问题,那就是学习区分事实和各种假设,如主观愿望、别人希望听到的,或者单纯的凭空想象。

不能诚实地描述事物的孩子往往是因为惧怕真诚,他们试图保护自己或他人不受责备或处罚。我们可以通过创造一个鼓励说

167

实话的环境来培养孩子的真诚：即使犯错，只要承认就予以表扬。不过，这样做也要注意尺度。一方面，我们需要帮助孩子为他们的错误负责，承担后果（同时我们又不愿让孩子认为只要说实话就万事大吉）；另一方面，我们不希望孩子因为惧怕我们对事实的反应而试图撒谎。

解决这个问题，有一个方法就是把重点放在弄清楚发生了什么事，而不是追究责任上。

"昨天晚上网球拍怎么被忘在走廊外面了？"妈妈问她九岁和十一岁的两个女儿。两个人紧张地面面相觑，意识到她们可能遇到麻烦了。

"哦，"小女儿先回答，"我从车里拿了拍子和背包，还有别的东西。我想可能是我为了开门把拍子放在地上了。"

大女儿插进来说："我说我去拿，可是后来忘了。"

妈妈了解了事情的经过，严肃地对女儿们说："以后一定要把球拍拿进来，整夜扔在外面，拍子很容易坏的。"

询问拍子是怎样跑到门廊上的，使妈妈了解到更准确的信息，这比问是谁把拍子放在门廊上要明智得多。如果把焦点放在谁应

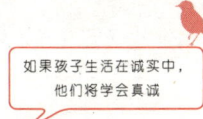

如果孩子生活在诚实中,他们将学会真诚

该负责的问题上,女儿们可能会相互埋怨。而妈妈的问法使她们做了上述回答,报告了各自的行动,妈妈也原谅了她们。

小谎言也绝不放过

在学会诚实之前,所有的孩子都说过谎。所以,作为家长,我们需要掌握的一个重要技能,就是当孩子说谎时的应对技巧。这是一件很微妙的事情。我们既要和孩子当面对质,又不能吓着孩子,还要让他们明白我们是和他们站在一边的。我们绝不能引诱孩子撒谎,或者把孩子逼进撒谎的死胡同里。当我们发现孩子说谎时,一定要坚持立场,让他们明白诚实是多么重要。

四岁的艾琳和妈妈一起为幼儿园的糕点义卖会烤了曲奇。下午,妈妈坐在桌旁工作的时候,艾琳跑进来要告诉妈妈什么事情,妈妈看到她的嘴边沾着曲奇和巧克力渣。

"艾琳,你的脸上有巧克力渣。"妈妈说,"你是不是从烤架上拿曲奇吃了?"

艾琳摇摇头,瞪大了眼睛说:"没有,妈妈。"

> 好父母
> 才是好老师

　　妈妈马上意识到接下来的对话要小心。"宝贝，妈妈重新问你，"妈妈柔和地说，"你是不是吃了一个我们烤的曲奇？你吃了也没关系，但是要说实话。"

　　"嗯……可能，就吃了一块特别小的。"艾琳啃着手指头承认了。

　　"就一块？"妈妈问。

　　"两块。"艾琳说。

　　"是真的吗？"妈妈问。艾琳使劲地点点头，金色的卷发随之上下跳动。"我很高兴你能说实话，艾琳，"妈妈说，"诚实很重要。"

　　"嗯。"艾琳答应道，"不过，我能再吃一块吗？"

　　"现在不行。"妈妈回答，"第一，马上就吃晚饭了。第二，曲奇是要在义卖会上卖的。所以，下次你想吃的时候先问问妈妈，我们可以商量，好吗？"

　　"好的，妈妈。"艾琳说，"我现在可以去玩了吗？"

　　在这一幕中，妈妈给艾琳上了重要的一课，她让艾琳懂得对妈妈诚实很重要，即使艾琳知道自己的行为可能会令妈妈不快。

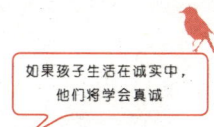

如果孩子生活在诚实中,
他们将学会真诚

妈妈还让艾琳明白了查明事实真相对她来说很重要,她会停下手里的工作,拿出足够的时间与女儿交谈,直到弄清真相。妈妈还解释了不想让艾琳吃曲奇的原因,同时告诉艾琳以后应该事先得到允许。

这个错误并不严重,而且艾琳的妈妈很忙,她很有可能不说什么就让它过去了。但是如果那样做,就会失去一个绝佳的机会,无法让女儿了解她对真诚的重视。有的父母可能因为孩子说谎或拿了曲奇而严厉地责备孩子,那样做等于教孩子要把谎撒得更高明,或把坏事做得更隐蔽。在父母和孩子之间,遵守真诚这一原则是至关重要的。不过,我们希望孩子学会真诚是因为他们尊重我们的价值观,为了让我们满意,而不是因为怕我们。

故事与谎言

在教给孩子诚实的重要性时,我们还会遇到一个棘手的问题——讲故事与说谎的区别。孩子拥有极为丰富的想象力,我们自然不希望阻碍他们享受其中的乐趣。我们在向孩子解释真诚的

> 好父母
> 才是好老师

时候，一定要给孩子留出空间，让他们享受从创造和故事中得来的乐趣，鼓励他们与我们、与他人分享他们想象的成果。我们可以通过与孩子讨论讲故事的实质来帮助他们区分事实与虚构。

两岁的安东尼的妈妈都快急死了。她要赶不上约会了，因为她的钥匙找不着了。"我的钥匙没了。"她说，"刚才还有呢，跑哪儿去了？"

"我想是妖怪拿走了。"安东尼严肃地说。

"噢，是妖怪。"妈妈重复道，"那你是不是碰巧知道妖怪把钥匙放在哪里了？"

"在玩具盒里！"安东尼兴奋地叫起来。

妈妈把手伸进玩具盒，找到了钥匙。"你在编故事吧？"她对安东尼说，"肯定是！而且我知道那个妖怪就是你！"妈妈伸手去胳肢安东尼，安东尼咯咯地笑起来。

妈妈心里想着以后不能把钥匙放在孩子够得着的地方，嘴上接着说："妖怪，车钥匙可不是拿来玩的。如果丢了，咱们就没法开车了。不要再拿了。"

在安东尼这个年龄，在这种情况下，妈妈做了所有必要的事

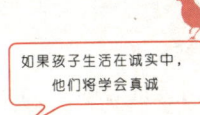

如果孩子生活在诚实中，他们将学会真诚

来分清事实和虚构，而且她的做法使安东尼懂得讲故事很有趣，特别是当大家都知道它只是一个故事的时候。

我们可以创造一个把事实和讲故事区分开的家庭环境，同时也不排斥故事。我们还可以帮助孩子理解事实与虚构的实质，那么当他们发现隐藏在圣诞老人和牙齿仙女的神话背后的事实时，他们会比较容易接受。父母不必说"根本没有圣诞老人"。当孩子长大，不可避免地质疑故事的可靠性时，会逐渐发现圣诞老人是一个神话，但仍会欣赏它神秘的魅力。

妈妈、爸爸和七岁的凯文开车去为圣诞节采购。突然，从汽车后座上传来父母最怕回答的问题。"圣诞老人是真的吗？"凯文问，"保罗的妈妈说圣诞老人住在北极，珍妮的爸爸说圣诞老人是送礼物的精灵，玛丽的姐姐说圣诞老人只是个想象中的人物。圣诞老人到底是不是真的？"

妈妈做了一个深呼吸，小心地回答道："你要知道，凯文，这个世界上有很多很多我们不完全了解的事情，就让我们把圣诞老人当做一个神奇的奥秘吧。"

凯文靠回到座椅上，脸上露出了微笑。现在，这个答案让他

> 好父母
> 才是好老师

很满意。他希望圣诞老人存在,妈妈也没有否定。妈妈的回答考虑到了凯文的思想成熟程度,毕竟他还是第一次问这样的问题,这样就能为他将来找到真正的答案留出空间。当他长大一些以后,他将会感谢妈妈曾真诚地回答了他的问题,尽管有回避的地方,但还是委婉地诱导他在圣诞老人的问题上形成更成熟的观点。

善意的小谎言

有些事情很容易分清对与错,有些则不然。当孩子踏入家庭外部的世界,他们很快就会接触到许多观点,在任何情况下,每一种观点对我们把握全局都十分重要。

七岁的弗兰对妈妈很不满意。"你撒谎了。"她说,"星期天你说你喜欢凯伦阿姨做的晚餐,可是刚才你跟爸爸说她的厨艺太糟糕了。"

"你说得对。"妈妈同意,"我没有说实话是因为我不想伤害她。我觉得善良比绝对坦诚更重要。"

"噢。"弗兰说。想了一会儿,她又问:"那是不是说我也不用

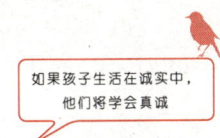

在什么时候都诚实呢?"她试图把规则整理清楚。

妈妈认真地看着弗兰,小心地说:"我当然希望你诚实。但是在有些情况下,善良更重要。当我们为了不伤害别人而撒个小谎,这叫'善意的谎言'。虽然是说谎,但是在某些情况下是允许的。"

弗兰听得非常专心,但显然被搞糊涂了。

"这样,"妈妈继续说,"假如你的朋友安德烈娅来给你看她的新裙子,可是你不喜欢,你觉得颜色太难看了,你会告诉她吗?"

弗兰仔细地想了想,说:"她不会喜欢听的。"

"那么,你说什么她听了会高兴呢?"

"嗯……可以吗?"弗兰看上去对自己的回答也不尽满意。

"也可以。"妈妈说。

"我知道,我可以说颜色以外我喜欢的地方。"弗兰积极地说。

"对,那是个好主意。"妈妈说,"找出你觉得好的地方,也可以问她在哪里买的或者别的问题。重要的是,这件东西对你的朋友来说很重要,是她喜欢的。"妈妈接着说,"要知道,不是所有的

> 好父母
> 才是好老师

人都喜欢同样的东西。你不喜欢的颜色可能是别人最喜欢的。"现在弗兰不仅学习了善良的重要性,还在妈妈的提醒下了解到世界上有许多种观点,它们都是客观存在的。

如果妈妈单纯地回避与弗兰讨论她妹妹的厨艺,这样的话题就不会产生。俗话说"不会说就别说",有些人可能因此不愿表露自己的真实感受,但不可否认的是,这句话里包含着古人的智慧。当然,如果我们任凭自己毫无顾忌地表达自己所有的感受,包括那些令孩子不舒服的感受,我们就应该做好准备,正如弗兰的妈妈所做的那样,花时间和孩子充分地讨论他们的疑惑。

父母是孩子的范本

孩子从父母那里学到什么是诚实。我们的一言一行就是活生生的例子,孩子会观察我们如何对待日常生活中的各种情况,至少在孩子年幼时,他们会认为我们的处理方式就是正确的。

九岁的艾丽西亚和爸爸吃完午饭从餐厅里出来,爸爸心不在

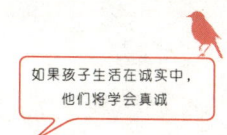

焉地看了看收银员找给他的零钱。直到走到停车场,他才意识到钱找错了。

"等一下,艾丽西亚,钱不对。"爸爸说着,掏出零钱让女儿看,"她找钱找多了。"

爸爸和女儿一起算了一遍,发现他们多得了将近五美元。"咱们得回去把账算清楚。"爸爸说。

艾丽西亚并不是很积极,因为她已经在打算怎么花这五美元了,但是她知道爸爸是对的。收银员很感激,说要不然下班时她将不得不用自己的钱补上不足的金额。餐厅经理听见了他们的对话,送给爸爸一张优惠券,下次来的时候可以享受很大的折扣。当父女俩第二次离开餐厅时,他们的心情都非常好。

"你怎么想,艾丽西亚?"爸爸说,"你觉得我们应该把钱送回去吗?"

"诚实还是有好报的。"艾丽西亚说。

"做好事会让人心情很好,即使得不到回报。"爸爸说,"但是很多时候,诚实都会带来我们预料不到的好事。"

> 好父母
> 才是好老师

心心相通

有的时候完全坦白也不恰当。在某些问题上，我们更应该考虑孩子的年龄和成熟程度。大多数的父母会错在低估了孩子的理解能力，但也有例外，有一位上我的家庭生活课的家长，在孩子第一次问婴儿是从哪里来的这个问题时，就做了过于具体的科学性解答，反而使孩子不知所措。

性与死亡是最难和孩子讨论的话题。即使和其他成年人讨论起这些问题，我们也往往会觉得别扭，向孩子解释就更难了。我们应该根据孩子对所讨论的概念的理解能力来做出适当的选择，同时考虑这些内容会对孩子产生什么样的影响。如果过早地教授给孩子过多关于性的知识，可能会给他们带来负担，使他们困窘和迷惑；而死的概念则会令他们害怕，破坏他们的安全感。

尽管孩子收集的信息和做的猜想可能是完全错误的，但是我们必须记住，孩子了解的、看到的和听到的东西比我们想象的要多得多。当提到这些话题时，展开讨论的最佳方法之一是问孩子他们知道些什么。这样一来，我们可以从他们知道的地方开始，纠正其中主要的错误观点，为他们做坦率并适合他们年龄的解释。有时候，通过借助外界资源来讨论这些问题也是一个好办法。有许多专为亲子设计的优秀绘本，可以对讨论性和死亡等有难度的话题起到很好的辅助作用。

如果我们低估了孩子的理解能力，试图掩盖真相，孩子会注意到他们已经了解的与我们的解释不一致，这会使孩子感到困惑，使他们对自己产生怀疑，甚至萌生罪恶感。孩子倾向于相信我们，所以一旦产生不一致，他们就会认为肯定是自己错了，自己的想法是邪恶的。他们会自问："我怎么能想象这样的事情？我太坏了！"我们不希望孩子不明真相，更不希望孩子最终发现是我们给了他们错误的信息，从而误导了他们。

探求事物的本质是青少年最热衷的事情之一，与此同时，他们也在寻找独立于父母、家庭之外的社会认同。对于他们来说，认识自己日渐成熟的身体、形成独立个性的过程，正如在婴儿阶段努力在小床里抓玩具那样，同样充满了震撼力和挑战性。青少年时期的孩子力图去抓住那些抽象的概念，界定难以用言语表述的自己与他人的含义，确立他们今后的生活准则，并试图把它们与现实生活结合起来。

　　他们日渐成熟的身体也塑造了他们全新的思想和情感。遗憾的是，他们不愿意问我们那些他们关心的问题，宁愿去问其他孩子，而那些孩子可能比他们还糊涂。当大量的信息铺天盖地地朝孩子涌来时，他们试图把这些信息理出个头绪来。到了这个微妙的时期，孩子不再会爬上我们的膝头寻求安慰。但是，这并不意味着孩子不再需要我们了。无论表面上他们有多么疏远我们，无论他们多么粗暴地回绝我们，我们一定要坚信，现在他们比其他任何时候都更需要我们。

　　我们与孩子的关系将在这几年中受到考验。我们必须与孩子建立起一种全新的亲密关系。青春期的孩子希望与我们保持亲密的关系，希望我们守候在他们身边。他们需要知道，在任何时候，他们都可以来找我们，告诉我们他们的感受，我们则会聆听他们的故事，与他们一起寻求真理，帮助他们拓展思路，提出新的观点，或探索其他的可能性。他们需要知道，我们将尽可能充分、全面地回答他们的疑问，比如关于性，关于他们正在发育的身体，关于他们强烈的感情和愿望。我们怎样才能获得孩子的信任呢？就

> 如果孩子生活在诚实中,他们将学会真诚

靠诚实和真诚。

你要尽自己的最大可能,把你的感受、尴尬和任何你可能会产生的不快情绪抛开。你要与孩子交流那些他们在将来的生活中需要的信息。就像他们第一天上学前班、幼儿园直到初中时,你为他们做准备那样,你还需为他们在面对成年人的问题上做好准备。当今的世界充斥着危险。孩子在上初中时,甚至初中以前,就有机会接触到毒品和酒精,性行为的低龄化致使他们容易成为传染性性疾病的受害者,甚至笼罩上艾滋病的阴云。

我曾向同事中的父母们建议,在孩子不在场的时候,谈谈自己的青少年时期,回忆一下自己的父母曾经告诉过自己什么,没告诉自己什么。自己的父母有多诚实和坦白?有什么他们需要却没从父母那里得到的?这给他们的青春期带来了什么影响?他们的父母对他们是否足够坦诚?有多少信息来自别的孩子?其中有多少是正确的?他们是否从父母或其他人那里获得了关于月经、梦遗、勃起、手淫、性高潮、怀孕和避孕的基本常识?多数父母都通过这样的交谈加深了对彼此的了解,并与他们的青春期孩子分享了宝贵的经验。

好父母才是好老师

如果你无法回答孩子的疑问,就告诉他,去找合适的书籍、小册子或文章来学习。你可以选择集聚你所有的诚实和真诚来寻求与孩子共同进步,为他们提供需要的信息。当然,你给予他们的最重要的东西是温暖和理解、关怀备至的亲密关系,还有永远守护在他们身边的承诺。然后,你就应该放松下来,期待孩子做出正确的选择。

真诚的价值

把孩子培养成为诚实、真诚的人,会在许多方面给他们带来帮助。他们会理解真诚与信任在同事、朋友及家庭关系中的价值;他们将拥有客观地审视自己和周围状况的勇气,如实地判断自己的行为所导致的后果,和自己应负的责任;他们将为能够诚实地面对自己而感到欣慰。真诚最珍贵的价值,就在于它给我们带来心灵的平静。

如果孩子生活在公平中，
他们将学会正义

> 好父母
> 才是好老师

孩子多是公平概念的实践者。对他们来说，公平意味着正确，不公平意味着错误。他们习惯于游戏中有明确的规则来定义什么是公平，并且希望每个人都遵守同一套规则。当然，这在现实生活中是不可能的，尽管我们都曾想过，如果有一本规定人生规则的书，它会告诉我们绝对公平的做法，而且每个人都遵循它，那该有多好啊。

　　作为成年人，我们见惯了人生的跌宕起伏，也习惯了事情的发展变化往往不以我们的意愿为转移。但是对于孩子来说，他们的心中还没有"生活并不总是公平的"这样的概念。他们会一直考虑事情应该怎样发展，如果未能如愿就会沮丧。七岁的萨莉向妈妈悲伤地抱怨，刚才跟邻居孩子玩的踢罐子游戏，规则很不公平。妈妈随口答道："生活就是不公平的。"但是，这样的回答并不能解决萨莉合理的疑问。她需要和妈妈讨论一下为什么她觉得游戏不公平，她希望有什么结果，以及她的愿望。如果妈妈能和萨莉探讨这些问题，仔细、耐心地倾听她的抱怨，对话就能够更积极地展开。妈妈可以通过问她"你认为游戏应该怎么玩"和"下次应该怎么做才更公平"，把重点集中

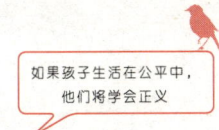
如果孩子生活在公平中,他们将学会正义

在以后如何改进上,这样就可以帮助萨莉摆脱心头的失望,转而对下一次的游戏充满期待。

这样的讨论也可以用来减少家庭中关于公平这一问题的意见分歧。开诚布公的对话使每个家庭成员都能够与大家分享自己独特的观点,解释他们将如何处理或怎样看待某个问题。遗憾的是,不管我们怎样小心地力求公平,还是不可能让每个人满意。

作为父母,我们可能以为自己关于公平的概念是正确的,但是我们需要记住,每个家庭成员都会对事物有不同的看法,公平常常是个人的主观判断。关键在于让孩子了解我们的意图是力求公平地为人处事,而且我们随时可以和他们讨论他们的观点与担忧。抽出时间倾听孩子的想法,帮助他们整理他们的感受,鼓励他们把好主意付诸实践,这些都可以表现出我们在日常生活中对于公平的重视。

家庭中的公平

每次听到父母强调"我对待每个孩子都是一样的",我都不以为然。从人性上说那是不可能的。即使可能,也没有必要那样做。孩子需要我们针对他们各自的长处和短处进行指导。在同一个家庭里,对一个孩子公平的事情,对另一个孩子就可能是不公平的。不同的年龄、不同的需求、不同的情况和不同的个性,所需要的处理方式也是不同的。

尽管我们尽最大的努力希望做到公平,但在多数家庭中依然存在着兄弟姐妹之间的竞争。表面上他们打架是为了玩具、特权、食物或者钱,但是潜在的问题往往是孩子觉察出了父母的偏爱。孩子非常敏感,包括对父母的表达方式,以及父母分配在孩子身上的精力、时间、兴趣和关注的比例。每个孩子都希望自己和别的孩子一样重要,一样被父母疼爱,这是孩子的最低要求。

如果孩子们抱怨我们偏爱某个孩子,那就有必要拿出时间检查一下我们表达出来的真实感情和态度。兄弟姐妹之间的竞争和比较都是不可避免的。但是我们必须明确,我们无意助长家庭内的竞争氛围。有时候,一些看似无害的激励也会产生一些我们未曾想到的副作用。比如,鼓励孩子看谁先做完家务,或是先完成作业,这些都会引起冲突。赢、输、谁第一、谁最后,这些概念应

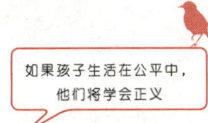
如果孩子生活在公平中，他们将学会正义

该属于体育场，而不是家庭。我们希望孩子为自己的行为和技能做评价，和自己比较，而不是相互攀比。

克服偏爱的一个办法就是和每个孩子都单独待上一段时间。我认识的一对夫妇，他们有三个儿子，分别是四岁、六岁和八岁。夫妻两个轮流请每一个孩子去外面吃一顿简单的饭，比如去咖啡馆吃热香饼早餐。这样，他们就有时间在一起交谈，不会受到家里日常琐事和兄弟间竞争的干扰。在这种氛围下，父母能了解孩子在想什么，他在学校发生了什么事，他和邻居、和兄弟之间发生了什么事，与此同时，孩子也得到了一小段独占父母的时间。这样的交谈远离家中的嘈杂和混乱，为孩子在进入青春期以后也能和父母沟通打下了基础，所以尤为重要。通过交谈，孩子还会得到一条明确而重要的信息："你对我们很重要，我们关心你的感受。"也不一定非要在餐厅里，但是离开家会比较有效。其实，不必非吃饭不可，一次外出也可以提供谈话的机会，例如远足、参观博物馆、划船，都能达到同样的效果。最重要的是让孩子觉得他得到了你完完全全的关注，得到了一段仅属于他的特别的时间。

好父母
才是好老师

培养敢于直言的孩子

孩子在遇到他们认为不公平的事情的时候，无论是在学校、邻里，还是将来在职场，都应该大声地说出来。为此，他们需要先练习向我们表达他们的情感。如果我们尊重他们因看到家中的不公平而提出的抗议，他们就会认识到自己能够改变周围的事物，使周围变得更好。

一天晚上吃过晚饭，九岁的安迪对父母抱怨说："你们对我就像对小婴儿一样。我的朋友们都是想待到多晚就待到多晚。"

"想待多晚就待多晚？"爸爸问，眼睛从眼镜上方看过来。

"反正比我晚。"安迪说。

"是谁每天早上要胳肢才能醒啊？"妈妈问。

"我。"安迪承认。

"看来你还是需要睡觉。"爸爸说。

"周末行吗？"安迪问。

"嗯，周末不太一样。如果你愿意，我们可以讨论一下新的周末作息时间。"妈妈说，"周五和周六晚上，你觉得你应该待到多

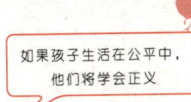
如果孩子生活在公平中,他们将学会正义

晚?"妈妈用了"应该"让安迪来做判断,而不是仅仅让他说出自己的愿望。妈妈的问题使讨论提升到了新的高度,帮助安迪认识到要为决定如何改变而负责。

"我想我还是需要八个小时的睡眠,也就是说……"安迪说着,算出了他的新作息时间。

"好的,"爸爸说,"让我们试试吧。"

"太好了!"安迪说。他为自己改变了他认为不公平的待遇而感到高兴。

当孩子认为某个家庭规则不公平,应该允许甚至鼓励他们质疑,这非常重要。如果我们不在意他们的感受,不尊重他们公开表达自己意愿的权利,孩子就可能充满敌意地勉强接受,这将损害我们和孩子的关系。家庭规则最好有一定的弹性,当孩子认为他们遭受不公平对待的时候,应该鼓励孩子坚持自己的主张,这样有助于孩子在解决家庭问题时保持积极的态度,同时为他们建立起在遇到其他情况时也能主张公平的思维模式。

一天,四年级的贝特西回到家,眼里含着眼泪。"老师从来不叫我,"她抱怨道,"我知道答案,也举了手,但是她就是不理我。"

> 好父母
> 才是好老师

贝特西的妈妈注意地听着,然后问她:"那老师叫谁回答呀?"

"她让男孩子们回答,他们根本不知道正确答案。"贝特西不高兴地说。

"她叫别的女孩子吗?"妈妈问。

"不多。"贝特西停顿了一下,如释重负,"不仅仅是我。她无视所有的女孩子。"

"那可不公平。"妈妈回答,"你觉得我们该怎么办?"

"你可以给她写一封信。"贝特西建议。

"可以。"妈妈说,又问,"还有别的主意吗?"

"你可以来学校和她谈谈。"贝特西说。

"我喜欢这个主意。"妈妈说,"这样,我们三个人可以一起谈,你觉得怎么样?"

妈妈不仅仅只是维护女儿,她要让女儿看到自己也可以采取行动改变不公平的状况。在妈妈的支持下,贝特西将慢慢学会如何说出自己的主张。

> 如果孩子生活在公平中,
> 他们将学会正义

需要勇气的行动

孩子在他们的生活中不可避免地会目睹甚至亲身经历不公平的事。在有些时候,他们会成为受害者,可能是由于教练或老师的偏爱,可能是由于其他孩子的粗暴行为。还有一些情况是需要他们为那些受到不公平对待的人挺身而出,这对他们也是一种考验。如果孩子有经验,在家中与不公平抗争时取得过胜利,那么当他们在外面遇到问题时,他们就有可能站出来为自己和他人争取公平。

在上学的路上,十岁的迈克尔发现他们班的几个男孩把一个孩子包围在学校停车场的角落里。当他走近了一点,他看见他们在捉弄那个孩子,可能因为那个孩子的文化背景不同。

迈克尔很紧张,不知道该怎么办。还来不及想,他就走过了人群,对着被捉弄的男孩大声叫道:"快点,汤姆,快上课了。"所有的孩子都转过头来惊讶地看着他,汤姆意识到这是个良机,就跟着迈克尔走向学校。

迈克尔的行动需要很大的勇气。一个人要面对一群人肯定是需要勇气的,即使像迈克尔那样采取低调的方式。假装没看见或

> 好父母
> 才是好老师

者希望老师介入，对他来说会容易得多。他的父母可能不会听说这个事件，也不会知道他们的儿子也卷入其中。许多孩子都不会把他们在外面的所有经历告诉父母。如果迈克尔的父母知道了，他们一定会为孩子的正义感而感到自豪，因为他相信每个人都有享受平等对待的权利，而且为了帮助陷入困境的人，他宁愿冒险。

有些时候，孩子还会面临更复杂的不公平，远远超出他们自己所能应对的范畴。一天晚上，十三岁的斯特拉正在和父母一起看一个电视新闻节目。其中一段介绍了那些采摘水果的移民的生活状况，对那些移民来说，要赚取足够的钱来开始新生活是那么的艰难。斯特拉为看到的内容感到很难过，她转向父母说："太不公平了。他们怎么能那样生活？农场主应该建更好的房子给他们住，应该付给他们更多的工资。我帮西蒙太太看孩子时挣的钱比他们还多呢。"

她的父母也不知道该说什么。过了一会儿，斯特拉的妈妈说："情况是很糟糕，宝贝。我觉得你关心他们是好事。生活中的一个令人悲哀的事实就是，这个世界上存在着许多不公平。"

"但是就没有人能做些什么吗？"斯特拉坚持说，"政府不能

> 如果孩子生活在公平中，他们将学会正义

让农场主对他们的工人更公平些吗？"

"这个主意很有意思。立法机关以后可能会想出解决办法。但是同时，你觉得我们现在能不能做点什么来帮助他们呢？"妈妈问。

"我不知道。他们离我们太远了。给他们寄钱或者什么东西？"斯特拉试着建议说。

"或许有能帮助他们的组织。"爸爸说话了，"你知不知道，还有为无家可归的人提供住宿的地方，也有给乞丐提供食物的地方。红十字会为有需要的人提供帮助。可能也有帮助移民工人的团体。我们可以上那个节目的网站，看看他们是否能提供什么信息。"

"好主意！"妈妈说，"如果有这样的团体，而且看上去他们干得还不错的话，斯特拉，你愿不愿意给他们捐点钱？"

"你是说用我的钱？"斯特拉问。

"嗯，对。"妈妈说，"如果你捐，我也捐跟你一样多的钱。不，捐你捐的两倍。"斯特拉陷入了沉思。

"宝贝，"爸爸轻柔地说，"想要改变世界上的不公平总是要有所牺牲。"

> 好父母
> 才是好老师

虽然还是有一点点不情愿,但斯特拉说:"我想我可以捐出一个星期的零花钱。"

"好的,让咱们上网看看能找到什么。"爸爸说着站起身来。

"斯特拉,你愿意帮助别人,我感到很自豪。"妈妈补充说,抱了抱女儿的肩膀。

在父母的帮助下,斯特拉自己做主采取了行动,努力想要帮助改善一个不平等的状况,尽管只是用她微薄的力量。可以想见,从今以后,面对社会问题,她将试图去改变,而不是感到无助。

公正是我们的理想

公正是一个重大的主题,人类最重大的主题之一。但是孩子的公平意识是从小事上开始体现的。如果我们尊重孩子对公平的关心,他们就会把这种尊重延展到别人身上——从他们在家中的权利到世界上其他人的权利,这是一个极大的飞跃。在我们的帮助下,他们会看到我们可以共同建造一个对所有人都公正的世界——这件事是我们人类所面临的最重要的挑战之一。

如果孩子生活在友善和体贴中，
他们将学会尊重

{ 好父母
才是好老师 }

你无法教孩子尊重。你可以教他们有礼貌，给他们示范尊重他人的表现方式，但这与心中尊重的情怀是不尽相同的，二者不应该被混淆。孩子通过观察父母来学习尊重。如果父母以亲切、体贴、尊重的态度对待彼此和其他家庭成员，孩子长大以后就会以父母对待他们的方式对待别人。

亲切和体贴是尊重的重要标志，在日常生活中，它们会以成千上万的形式表现出来。我们为配偶、为孩子心甘情愿地付出，也教给孩子尊重的真正含义。通过我们的示范，我们可以教给孩子尊重不仅包括原原本本地接受别人，而且关心别人的需要就像关心自己的一样，有时甚至必须把他人的需要排在首位。当孩子在一些小的地方开始表现出对他人的尊重时，比如温柔地对待动物，或者耐心地照顾弟弟妹妹，都一定要对他们的体贴予以表扬，肯定他们的举动，鼓励他们再接再厉。

对于所有人来说，形成亲切、体贴的品质都需要很长时间。作为父母，我们必须承认自己有过对配偶或孩子不够尊重的时候。承认我们的缺点，为我们可能造成的任何伤害而道歉，今后尽量多留意，有助于弥补我们已经造成的损害，让我们向着更美好的

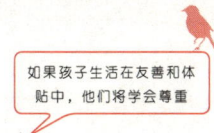
如果孩子生活在友善和体贴中,他们将学会尊重

明天不断前进。我们的坦诚会告诉孩子,学习尊重他人是一个永无止境的过程,无论大人还是孩子,都要不断学习。

为他人着想的心

年幼的孩子优先考虑他们自己是极为自然的。婴幼儿认为世界是围着他们转的,其他人是为了满足他们的需求而存在的。这种以自我为中心的定位是孩子发育过程中的一个必经阶段。随着孩子的逐渐成熟,他们慢慢开始理解别人也有和自己一样重要的需求。要具备平衡二者的能力——既考虑到他人的需求,又尽量满足自己,就需要更长的时间。

我们给孩子的最好的教诲,很可能就发生在一些很小的、自然的瞬间。这些瞬间让我们有机会教给孩子怎样善待他人。我们一定要留意这些机会,利用它们引导孩子为他人着想。

最近,我在一家小店里看到一位妈妈带着两个儿子,孩子看上去一个四岁,一个八岁的样子,他们正在拿猫粮的时候,一位年纪大的顾客把钱包掉在了地上,里面的东西散落了一地。哥哥

> 好父母
> 才是好老师

马上停下自己手上的事,帮助那位顾客捡回她的东西。而弟弟还在往购物车里装猫粮,直到妈妈给了他一个微妙的暗示,无声地示意他应该帮助哥哥。起初,妈妈轻轻地碰了碰弟弟的胳膊,引起他的注意,让他停下手中的事。然后,妈妈朝着正在上演的这一幕的方向点点头。弟弟看到哥哥的举动,也加入了帮忙的行列。这位母亲用她非常温和的方式,给孩子上了印象极深的一课,让他明白应该待人友善。

另外,虚拟游戏也可以用来教孩子如何待人亲切而体贴。晚上睡觉前,四岁的肯尼和妈妈正在收拾他的房间,妈妈把泰迪熊塞进被子,手在熊身上轻轻地一拍。

"好了,我敢打赌,泰迪现在很舒服。"妈妈满意地说。

肯尼走过去又给小熊重新掖了掖毯子,说:"好好睡,泰迪。"

妈妈知道肯尼对泰迪熊有着深厚的感情,她在无意之中给孩子做了一个示范,亲切而体贴地对待孩子最容易产生联系的"他人"。对于妈妈能进入他的游戏世界,并对他喜欢的事物表示兴趣,肯尼很高兴。他还学会了如何对需要照顾的事物表达关爱

> 如果孩子生活在友善和体贴中,他们将学会尊重

之情。

我们还可以通过让孩子想象其他孩子在某种情况下的感受,来帮助他们加深对于尊重和体恤他人这一点的理解。

珍妮和玛丽亚都是七岁,她们在一起玩桌面游戏的时候,在游戏规则方面发生了意见分歧。玛丽亚一气之下回家了。珍妮转悠到厨房,对妈妈说:"玛丽亚这个坏家伙,她要输了就不玩了。"

"怎么回事?"妈妈问,"玛丽亚平时不是挺喜欢玩游戏的吗?"

珍妮说了她们的争执,并把争执归咎于玛丽亚。

"很遗憾,游戏就这么结束了。"妈妈若有所思地说,"我想知道玛丽亚会怎么想。"

"啊?我不知道。"珍妮回答说,她似乎对妈妈的想法感到很吃惊。她想了一会儿,又说:"或许我该给她打个电话。"

两个女孩谈了谈,最终认为两个人各有对错。通过交谈,乌云散尽,她们决定第二天再一起玩。下次如果再有分歧的时候,有了这次的经验,她们就很可能能够进行更有成效的沟通。

妈妈适时而敏锐的提问帮助珍妮克服了利己的思维方式,使

她考虑了玛丽亚的感受。妈妈对珍妮的朋友的关心促使珍妮去了解在分歧发生之后，她的朋友会有什么样的感受，这一点是建立长期友谊的关键因素。

这些道理不是显而易见的，也不容易付诸实践，所以孩子需要我们的帮助。如果他们不能掌握维系人际关系的基本技能，当他们长大以后，生活就会变得比原本更艰辛。

沟通时的尊重

我们还可以在与别人交谈的时候，表现出我们的热心和体贴，从而表达对对方的尊重。因此，谈话的内容和方式都很重要。你可以说："看，你哥哥的水彩盒在那边呢。对，敞着盖的那个。把它盖上，好吗？谢谢。"也可以这样说："你哥哥的水彩盒没关上。咱们把它关上吧，这样他的颜料就不会干了。如果颜料干了，哥哥会难过的。"这两种说法传递了不同的信息。后者包含了更丰富的内容，不仅教给孩子要珍惜文具，还要让他们学会相互关心和相互帮助。

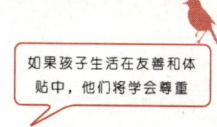
如果孩子生活在友善和体贴中，他们将学会尊重

让孩子知道我们对他们的期望，也是尊重他们和他们的感受的一种方式。比如，爸爸晚上不得不在家里工作，明智的做法是事先让孩子知道，因为爸爸需要集中精力，所以他希望每个人晚上都能选择安静的活动。提前告诉孩子，使他们有机会为爸爸的需要着想。这样做比不做任何解释，对着孩子大声嚷嚷让他们安静下来要有效得多。

当我们注意和观察到孩子对别人充满爱心和关切的行为时，也应该予以鼓励。五岁的马修帮坐在婴儿椅上的小妹妹捡起了掉在地上的玩具，并递给她。"谢谢你，马修。"爸爸说，"你能帮小妹妹捡玩具，真是个好孩子。"爸爸注意到并表扬了马修的行为，这对马修非常重要，既为他确定了今后的行为准则，又使他因为得到赞赏而满足。

珍惜物品，尊重隐私

家庭中的每个人的物品，正如隐私一样，都有权受到尊重。我们对待我们的所有物的态度也会影响孩子。我们怎样对待我们自己的东西,孩子都会注意到。比如,把衣服堆在地板上,把工具扔在院子里,砰地使劲关门,孩子都看在眼里,还会步我们的后尘。

并不是只有我们视为珍宝的东西才应该受到我们的尊重,家里的任何一样东西都应该受到尊重。无论家里多简朴,或者有多少家庭成员,每个孩子都有权拥有一些私人物品,别人未经允许不得使用。

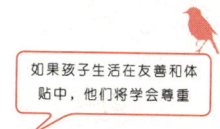

> 如果孩子生活在友善和体贴中,他们将学会尊重

尊重孩子的隐私也同样重要。当他们小的时候,需要我们帮他们穿衣服、洗浴和梳理头发。他们长大后,逐渐地能够自己来完成这些事情,他们会对自己的身体感到羞涩,需要更多的隐私。孩子应该知道他们有权保护自己的隐私,以及在他们需要保护的时候怎样提出要求。他们还应该学会尊重别人的隐私,比如,门关着的时候要敲门,得到允许才可以进。这样也使父母能保护自己的隐私。

临近青春期的女孩发育渐趋成熟,尤其需要我们的支持和理解。当她们的身体开始发育和变化,她们会需要更多的隐私,每个家庭成员都应该尊重她们。如果哥哥或者姐姐,甚至是叔叔或者阿姨暗自嘲笑孩子发育过程中的羞怯,我们应该提醒他们,孩子正在经历身心发育带来的变化,绝对不允许任何人嘲笑;孩子需要的是我们的支持和理解,而不是戏弄。

身教胜于言传

孩子所观察的对他们最具影响力的关系,可能就是他们父母

> 好父母
> 才是好老师

之间的关系。他们从中学习在日常生活中如何表达尊重。不管我们怎么告诉孩子应该怎样做，但恐怕只有我们对待配偶的方式才会最终影响他们的行为模式。

八岁的安娜和艾米丽是一对双胞胎，她们整整一天都在吵个不停，妈妈终于失去了耐心，喊道："别吵了！我受不了了！"

两个女孩吃惊地看着她，安娜回击道："可是你和爸爸也总在争吵，跟我们没什么不同。"

妈妈无言以对。她以前从没这么想过，但她知道安娜是对的。

孩子会观察父母之间的说话方式，我们的语音、态度，甚至没有表达出来的情感。这不仅仅是父母之间是否争吵、辩论的问题，而是我们如何解决意见分歧、如何相互沟通从而消除误解，以及如何回应对方需求的问题。

即使是父母之间那些传递注意和关心的微小的动作，都逃不过孩子的眼睛。这些小动作将留在他们的记忆里，教他们如何对待他们爱的人。当他们听到礼貌的词汇，如"请"、"谢谢"和"不客气"，被用得那么自然、习惯；当那些体贴的问话，如"要不要我帮你拿点什么"、"我能帮你吗"，在他们的日常生活中随处可以听

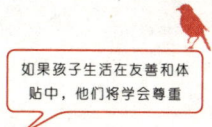

如果孩子生活在友善和体贴中,他们将学会尊重

到,他们就会懂得在生活中,无论是大事还是小事,人们都应该互相帮助。

尊重彼此的差异

我们的孩子将长大,与不同信仰、不同肤色和不同习惯的人共同生活。家庭中亲切、体贴和宽容的氛围会为孩子尊重他人的权利和需求打好基础。当孩子成熟后,我们希望他们能从每一个他们结识的人身上,看到人性的闪光之处。不管我们有什么不同,作为人类,我们都拥有相同且必不可少的梦想和渴望。我们希望孩子会发现人类在身体、感情和精神的需求上相同大于差异。

当孩子进入更广阔的世界时,他们对他人的个人价值和尊严的尊重,必能为自己带来同等的尊重。如果在充满友善和关怀的环境中长大,他们就更能懂得尊重和包容他人。千百年来,各种宗教的伟大导师都认为,正是那些微不足道的、日常的善行,让我们在生活的学校中取得好成绩。

如果孩子生活在安全中，
他们将学会信赖

> 好父母
> 才是好老师

我们是孩子的第一个完全信赖的人。他们需要知道无论发生什么，我们都会守护着他们，这就是所谓的安全感。当他们确信他们可以依靠我们来回应他们的需求、考虑他们的感受，而且尊重他们，他们就会信赖我们。有了安全感和我们毫不动摇的支持，孩子才能建立起自信。

最近我参加了一个钢琴独奏会。会上有一个十岁的男孩勇敢地挑战《胡桃夹子》的片段。他练习得不够充分，很明显，到最后他自己也意识到了这一点，可观众还是报以鼓励的掌声。下了舞台，那个男孩径自来到妈妈身边，爬上她的膝头。在接下来的演奏中，妈妈一直安慰地抱着他。

那个男孩早已过了在妈妈膝头撒娇的年龄，我碰巧知道那位母亲对孩子练琴要求非常严格。但在那时，这些都没有关系。她要告诉儿子的话既单纯又简单：我就在你身边，即使你做得不够出色，我也不会感到害怕或尴尬，从而掩饰对你的爱。

孩子需要知道我们永远会站在他们身后，无论他们的任务完成得好或不好，我们都会一成不变地支持他们。

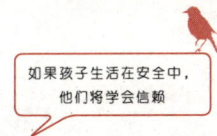

如果孩子生活在安全中，他们将学会信赖

要有自己的信念

"信念"一词常用于宗教或精神世界的语境中，描述对神的信仰，对我们所处的宇宙的信任。而对于信赖这个概念的诠释也有许多种，没有宗教信仰的人对于"信赖"也有自己独到的见解，并从某些精神理论中得到慰藉。事实证明，那些信仰某种伟大事物的人，在面对生活压力的时候，会比那些没有信仰的人处理得更好。从广义上来说，我们可以把信赖看做是对自己的信仰、价值以及对整个世界的信心。这种"性本善"的基本信仰，直接关系到我们能否积极地面对生活，能否信任他人。

培养孩子的自信心

培养孩子的自信需要一个漫长的过程。当孩子说"是我，我自己做的"，我们就可以知道他正在建立他的自信。我们要做的工作就是给孩子测试他们技能和能力的机会，在他们学习的时候帮助他们，鼓励他们多体验新事物，并让他们的尝试与众不同。保

> 好父母
> 才是好老师

持这几项任务的平衡十分重要。为了让孩子有安全感,我们必须给他们时间和空间去试验,为自己学习,甚至失败,而我们则要在这个过程中始终陪在他们身边,鼓励、引导和帮助他们。

一天晚上,五岁的尼古拉斯哧溜一下钻进被窝,对妈妈说:"我不想要自行车两边的小轮子了,帮我拆了行吗?"

"当然行了。"妈妈说。第二天早上,他们拿出改锥把辅助轮去掉了。但是改造后的车子骑上去并不那么容易,尼古拉斯骑得摇摇晃晃,特别是妈妈松开抓住自行车座椅的手让他自己骑的时候。

那天晚上,尼古拉斯说:"你能把我的小轮子再装回去吗?"

"没问题。"妈妈说,"咱们明天早上装吧。"

第二天早上,尼古拉斯又面对着他那辆"大孩子"牌自行车。

"在我把辅助轮装回去之前,你还想再试一次吗?"妈妈随口问道,她觉得第二次可能会好些。

"好啊。"尼古拉斯同意了。他非常放松,因为妈妈随意的态度让他觉得就算再试一下也不会有任何损失。

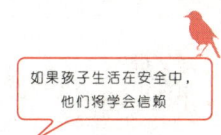

如果孩子生活在安全中,他们将学会信赖

然后,就这么简单,尼古拉斯把自行车骑出去了,紧紧地握着车把,高兴得咧开嘴笑了,他的自信也大大地增加了。妈妈找到了最佳的平衡:她答应了尼古拉斯要把辅助轮装回去的要求,同时又鼓励他再试一次。当孩子还没有做好准备的时候,妈妈没有强迫他做"大男孩",而且她使"再试一次"变得很轻松。

尼古拉斯会摔跤吗?会,他当然会。我们都有摔跤的时候,特别是当我们鼓起勇气冲击自己的极限的时候。但那正是我们最需要相信自己的时候,为了重新回到自行车上。

让孩子信赖我们

孩子相信我们会说到做到。如果我们答应,就会去做;如果做不到,就会告诉他们。他们相信我们对他们所说的话,坚信我们会贯彻到底。如果我们在大多数情况下都能言出必行,孩子就会依靠我们。

在孩子成长的过程中,我们会对孩子做出难以计数的许诺。有些我们可能不认为是许诺,孩子却认为是。如果我们说我们会

> 好父母
> 才是好老师

在几点接他们,他们就认为我们一定会去。如果我们总是迟到或忘记,孩子就会认为不能信任我们,而且理所当然地觉得自己被忽视了。

当因为某些紧急情况,我们不能按时到达的时候,我们应该打电话通知孩子。我们应该像在工作中对待客户或老板那样,对孩子也考虑周全。那些等待父母来接的孩子、总是最后被接走的孩子,脸上总是挂着难过的表情。你可以看到他们试图掩饰他们的失望和焦虑,尽管他们并不擅长掩饰。

游泳课结束了,妈妈又来晚了。当七岁的曼迪上车时,她松了一口气。妈妈开始道歉,解释为什么她今天又是最后到的家长。曼迪没说什么,只是望着天空,她对妈妈已经彻底失望了。现在对她来说,降低自己的期望,保护自己不被失望和没有安全感的情绪所困扰,才是最重要的,再给妈妈机会也毫无意义。曼迪明白了,妈妈就是不可信,她只有适应这种状况。但是代价非常大,妈妈的迟到使曼迪对妈妈和自己的评价都受到了损害。曼迪的结论是,如果她对于妈妈来说真的重要,难道妈妈就看不出来她因为总是等到最后一个而有多难过吗?为什么妈妈不能想想办

> 如果孩子生活在安全中，他们将学会信赖

法呢？

最近，我偶尔听到几个四年级的女孩打算一起去看星期六下午的电影。一个女孩对另一个女孩说："让你妈妈开车送我们去吧，那样我们肯定能按时到。"其他女孩都点头赞同。她们知道谁的妈妈最靠谱。

安全并不意味着乏味

为孩子提供一个安全的环境很重要。在他们的生活中，存在着许许多多的未知数，新鲜事物和他们要学习的东西。一个令人放心并舒适的家，能够教给孩子适度节制。但是，我们还是可以为一些突发的、愉快的时光留一些空间。

一个星期六的晚上，伊莱恩的阿姨来家里吃晚饭。八点左右，阿姨环顾了一圈，问道："有人想看电影吗？"

妈妈和爸爸正坐在沙发上。十一岁的伊莱恩兴奋起来："耶，我想去！"

"太晚了吧？"妈妈问，"电影一般七点左右开始。"

> 好父母
> 才是好老师

　　伊莱恩恳求地看着妈妈。"不见得。"阿姨回答说,"我和伊莱恩可以赶最后那场。如果我们现在走,还可以在购物中心里逛逛,或许还可以先吃点冰激凌。"

　　"最后一场?"爸爸说。他本想反对,但是忍住了。如果看电影,伊莱恩的睡觉时间就会大大地延后;但是明天又不上学,这种突发的外出对伊莱恩来说,也是一个了解阿姨的好机会。于是爸爸转而对妈妈说:"好呀。她明天白天可以补觉,而且这样伊莱恩和苏珊就有时间在一起玩玩了。"

　　"好吧。"妈妈同意了,说,"电影完了马上回家。祝你们玩得开心。"

　　事先订好计划能给孩子带来安全感,有规律的生活则有助于巩固他们的安全感。但是偶尔允许他们打破常规也很重要。这些时刻不同寻常,又刺激又新鲜,孩子会永远记得。

　　伊莱恩差不多十二点才回来。她很喜欢那部电影,喜欢和阿姨一起度过的时间,甚至喜欢夜晚的气息。"你知道吗,夜里的空气闻着都不一样。"她说,"更新鲜!"她和爸爸妈妈拥抱道晚安,感谢他们让她去看电影。

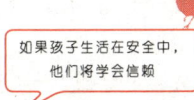

如果孩子生活在安全中,他们将学会信赖

自信就是相信你自己

孩子只有相信自己并相信自己认识事物的能力,才能采取行动。如果他们不确信自己的判断或者对自己没有信心,就很难有主见。要培养孩子的自信心,我们自己首先就要相信他们。

十岁的安德鲁从营地给家里打电话,发泄他对一个同屋的不满。"他请我做他划艇的搭档,可是等我到了湖边,他却巴结别人去了。"安德鲁抱怨道,"后来,他又借了我的军刀不还。他还说我跑起步来像鸭子。"

爸爸专注地听着远在一百五十英里以外的儿子的诉说。他真想立刻开车赶到那里,跟营地负责人谈一谈。当然,他没有那样做。他做了一个深呼吸,问儿子:"你打算怎么办?"

安德鲁回答说:"噢,我和别人划了划艇。如果我像鸭子,那也是跑得飞快的那种,因为我在赛跑中得了第三名。"

"真棒啊!"爸爸说。

"我正要告诉他让他把军刀还给我。"安德鲁继续说,"远足的时候我要用。如果他不还,我就告诉老师。"

好父母
才是好老师

"你会把它要回来的。"爸爸肯定地说。

安德鲁确信他同屋的行为是令人难以接受的,也相信自己能把这些事情处理好。我知道这听起来很简单,但有一些孩子会选择无视问题,因为他们缺乏解决问题的信心。安德鲁的爸爸表现出了对儿子的信心,相信他有能力自己处理好发生的问题。

我们希望孩子对自己和他人抱有起码的信任,也希望他们对他人抱有积极的预期,但是当他人的行为难以接受时,我们希望他们能够做出自己正确的判断。我们还有一个愿望,就是希望孩子在他们的社会关系中成为值得信赖、遵守诺言的人。

自信决定孩子的将来

我们不可能终身陪伴在孩子身边,但是如果能在孩子的童年赋予他们牢固的安全感,将会使他们受益终生。帮助他们学会相信自己,就能带给他们自信;有了自信,他们才能相信他人,将来才能成为相信自己孩子的好父母。

这是赠送给孩子的未来的一份礼物。孩子的自信将引导他们

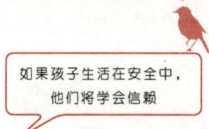

如果孩子生活在安全中,他们将学会信赖

择业,让他们敢于冒险,让他们勇于承担责任,让他们相信自己的决定。相信他人则会使他们懂得去爱,做出有意义的承诺,并组建家庭。

如果孩子没有自信,即使一切顺利,他们也很难享受生活的乐趣,当他们面对生活的挑战时,就会更加艰难。如果他们在基本竞争力、友善和综合能力等方面都拥有自信,那么只要他们全力以赴,就一定能够达到目标。

我们应该教给孩子基本的价值观。这是一项重大的任务,但其实不难完成。我们所要做的就是相信孩子,相信他们的良好意图,然后让孩子知道,毫无疑问,我们信任他们。剩下的事他们自己会完成。

如果孩子生活在友爱中，
他们将学会爱世界

> 好父母
> 才是好老师

孩子的第一个世界就是家庭。他们从我们身上，通过成千上万个看似无足轻重的家庭生活中的片段，学习如何评价事物，如何待人处事，以及了解从生活中能得到什么。他们时常在我们毫不留意的时候，吸收我们的价值观和处世观中令人印象深刻的部分。

我们给予孩子的第一个世界有多友善？我们和他们说话的时候是否有礼貌并遵循通常的礼节呢？我们是否接受他们的天性，而不是试图把他们改变成我们理想中的样子？我们是否相信他们的意图总是好的？我们是否关心并热衷于分享他们的新兴趣？

在友善的家庭环境里，孩子的努力会获得鼓励、承认和表扬；他们的错误、缺点和个性会得到包容；他们会受到公平、耐心、通情达理、友好和体贴的对待。当然，有时候我们会对孩子使用家长的权力，但是我们可以使用友好、温暖而坚决的方式，避免强制和生硬。我们可以创造互相支持的家庭环境，对孩子寄予积极的期望，同时也为他们设定边界线。

日常家庭生活所形成的模式，会在将来孩子自己的家庭中得到继承。我们希望与孩子建立良好的关系，并希望这种良好关系

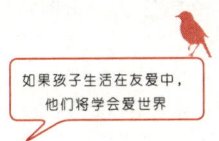
如果孩子生活在友爱中,
他们将学会爱世界

既能够帮助解决家庭中不可避免的摩擦,同时足够牢固而持久,一直延续到孩子长大成人。我们希望他们享受假日家庭团聚或家庭纪念日的快乐,特别是当他们有了自己的家庭以后。我们还希望孩子有光明的前景,所以就需要引导他们找到属于自己的位置,并享受世界赋予他们的一切。

人际关系网

在日常家庭生活中,对于家庭成员之间无以计数的相互影响,我们早已习以为常。这些相互影响为培养孩子与他人交往的能力奠定了基础。正如我们是孩子的范例一样,家庭就是社会的模型。在很多方面,孩子在邻里间、校园、职场及社团中遇到的事情都与在家庭中遇到的相似。通过协商,学习分享卫生间、电脑、电视或者汽车,我们理解了责任的含义和彼此之间的相互依赖。

举个例子,用过感恩节晚餐后,一家人开始收拾。九岁的乔伊负责在早饭后腾空洗碗机,但今天他太兴奋了,忘得一干二净。这使整个清理程序变得非常棘手:十一岁的克里斯汀开始收拾桌

> 好父母
> 才是好老师

子,但是脏盘子没地方放,只能都堆在厨房的操作台上;妈妈想把剩下的火鸡放进冰箱,可是根本没有地方操作;露西阿姨又站在水池前洗锅;与此同时,食物在盘子上变得越来越硬。厨房里的人太多了。爸爸准备好了饭后的咖啡,需要一打杯子才够分,然而大多数杯子还在洗碗机里。这一切,就构成了一个非常典型的、家中一片混乱的场景。

妈妈很快意识到问题的源头,冲着餐厅里叫道:"乔伊,我们需要你把洗碗机腾空,我们遇到了大麻烦。"

乔伊从桌边跳了起来,意识到他在最不该忘的时候忘了自己的工作。他飞快地腾空了洗碗机,姐姐也帮了他一点忙,厨房中的大堵塞很快被清除了。

经过这件事,乔伊很容易看到自己的行为会怎样影响其他家庭成员。尽管这个例子可能太过明显,不过它正说明人与人之间的相互依存性是日常家庭生活中的一个重要方面。事实上,学习如何以友善的方式合作,能教会孩子在一个更大的范围内如何与他人相处。如果他们能为了一个普通的目标贡献自己的力量,齐心协力,他们就更能博得朋友、邻居和同事的喜爱,更能赢得社会

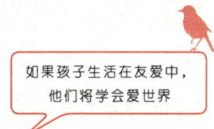
如果孩子生活在友爱中，
他们将学会爱世界

的欢迎。无论在任何领域，只要孩子学会友善、慷慨地奉献自己的力量，他们就能为社会的发展起到重要的作用，世界就会变得更美好。

亲戚朋友

家庭的结构在变化，能在爸爸妈妈身边长大的孩子越来越少。许多孩子由单亲、祖母或者其他亲戚抚养长大，还有的孩子有两个爸爸和两个妈妈。无论家庭的结构如何，对孩子来说，最重要的是被需要和被爱。

在孩子的生活中，对他们友好、关心他们的成年人越多，孩子就越能健康地成长。孩子和扩大的家庭——家族的亲密朋友——定期或偶尔地接触，也能从中受益。我们不是万能的，有时候请亲戚朋友来家里对每个人都有益处，他们会带来新观点、特别的时光和他们的特殊才能。

九岁的吉米被他的飞机模型折磨得垂头丧气，他需要大人的帮忙，但是爸爸太忙了，而且说实话，爸爸也没那个耐心。不过爷

> 好父母
> 才是好老师

爷很高兴能和吉米在一起,他愿意帮吉米把飞机的零件粘好。

正是像这样的祖孙俩一起度过的美好时光,让孩子感到自己被祖父母年代的爱和智慧包围着。通常,祖父母给孙子辈的时间要比给自己孩子的多。他们可能不像以前那么忙了,他们的生活重心也发生了变化,从事业转向了家庭。在我的一个专为祖父母办的家庭生活班上,我发现祖母们常常会谈论自己在养育儿女的时候没能做到的地方。一个被反复提及的遗憾就是:"我应该多和孩子一起玩,不应该那么忙。"她们意识到花时间和孩子玩、增进和他们的友谊,是一项既对全家有益,又能带给人安慰的重要活动。

"扩大的家庭"也可以构成孩子的安全网。涉及的人越多,网就会越密实,在必要的时候,就能为孩子提供更好的保护和支持。

黛尔阿姨常去学校接十二岁的侄女梅根,这总会让梅根惊喜。黛尔会带梅根去吃冰激凌或者喝热巧克力,有时候则带她和她的朋友去当地的游泳俱乐部游泳。有一次,黛尔还带着她们去城里看了音乐剧。当梅根在学校里和别的孩子有了麻烦,总是犹豫是否应该告诉父母,但是她肯定会告诉黛尔。黛尔有时间,也愿意

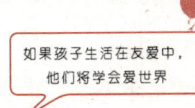

如果孩子生活在友爱中,
他们将学会爱世界

听。最重要的是她爱梅根,梅根把她当做"家人"。能够拥有这样一个亲密的"家人"是一件很幸运的事。当我们的孩子因为某些原因,不愿意和我们谈论自己的问题时,会有另外一个"家人"给孩子提供建议,这个"家人"成熟、值得信赖,打从心底里关心孩子。

那些在身边没有"扩大的"家庭的人,或者那些家庭不幸破裂的人,也可以建立朋友的网络,他们也可以关心和看护孩子。在我组织的一个育儿研讨会上,一位母亲给大家讲述了这样一段经历:"我母亲去世以后,她的一位朋友常来看我们。我们刚有了小孩,我母亲的这位朋友没有孙子,她一下子就爱上了我们的女儿。她每次来,我都能强烈地感觉到与母亲的联系,也非常感谢她的来访。这种相互'认养'的关系贯穿了我女儿的整个童年。"

与核心家庭外部的亲戚和朋友加强联系,会扩展孩子的世界。由充满爱心的成年人组成的扩大的网络能为孩子创造一个更加丰富多彩的世界。这个世界能激发他们的好奇心,增添超越平淡生活的令人激动的可能性,还能让他们知道除了父母,还有其他成

> 好父母
> 才是好老师

年人信任他们。每个人都有自己独特的才能和观点,所以在孩子的生活中,关心孩子的成年人越多,孩子就越能健康地成长。

家族聚会

　　家族纪念日对孩子来说非常重要。家族成员聚集在一起,孩子们在一起玩,大人们惊呼着孩子们的变化,为他们的成长、聪明、漂亮、强壮而欣喜。孩子当然会因为大人的大惊小怪感到害羞,但是即使他们逃开去玩,被爱、被重视、被赞赏的记忆也会深深地留在他们的心里。

　　当他们长大一些后,参加这样的聚会能帮助他们培养一种根深蒂固的归属感,当他们离开家人,走出家门去探索世界的时候,也能感受到家庭的温暖。家族聚会是一种习惯,可以庆祝我们的文化和民族传统,也可以讲述过去发生的故事。孩子喜欢听我们童年时代的恶作剧,通过这些故事,他们会对我们有新的了解,仿佛窥见了很久以前的我们的童年。这些故事还能让他们体会世事会随时间的流逝而变迁这个抽象的概念,正像他们的父母曾经是孩子一样,终有一天,他们也会为人父母。

家族聚会还给孩子提供了一个崭新的环境,给他们一个重新认识我们的机会,不是作为父母,而是作为一个普通人。当我们做出某些出人意料的事情,比如脱了鞋伴着老式音乐跳舞,比如不管他们几点睡觉,都会令他们吃惊、兴奋——生活变成了一个派对。

家族聚会结束后,比利在回家的路上问爸爸:"你知道吗,你是迈克最喜欢的叔叔。"

爸爸笑了:"嗯,我想我知道。"

"哦,我真是大吃了一惊!"比利说。看到爸爸在他最喜欢的表兄眼里是那么重要,比利对爸爸也更加尊敬了。

节日里的家族聚会也会让孩子理解时间的流逝,意识到自己的成长。这些聚会通常都要拍照留念,特别是一年一次的聚会,孩子可以从照片上看到自打上次聚会后自己长大了多少。按照喜欢的老照片的构图,给孩子们拍新照片是一件很有意思的事情,无论大人还是孩子都乐于配合,摆出姿势,并等冲洗出来后比较两张照片的不同之处。

{ 好父母
才是好老师

家族聚会还可以把家族的传统一代代地传扬下去。比如，在我家的家族聚会上，我们为那些不能参加的人点上蜡烛。在用餐前，我们围着桌子手拉手，做一个短暂的默默的祈祷，重温关于那些缺席的、我们曾经爱过的人的温暖记忆。

庆祝每一天

我们不需要总等到节日才能享受节日气氛。调用节日情绪有时能把乏味的一天变成一个值得纪念的日子。

圣诞节的假期已接近尾声，妈妈开始考虑能为她的四个孩子和他们来做客的表弟做些什么。新玩具他们已经玩够了，开始烦了，寒冷的天气也令人厌倦。一天晚上，妈妈说："我有个主意，咱们开个沙滩派对吧！"那几个从四岁到十一岁不等的孩子看着她，觉得她一定是疯了。

"你是开玩笑吗？"最大的孩子问。

"不，我不是开玩笑。我们开始筹划吧。"妈妈回答，并开始列物品清单，设计方案。

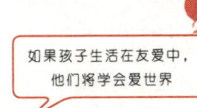
如果孩子生活在友爱中，他们将学会爱世界

"但是外面太冷了。"一个孩子抗议说。

"我们在屋子里开沙滩派对。"妈妈回答，"我们会被电灯晒得黑黑的。"

孩子们开始想各种方案，讨论穿什么，带什么玩具，听哪张CD，当然还有吃什么，妈妈答应弄些热狗，还有一些配菜。

第二天，天气特别冷。妈妈调大了电暖气，爸爸在壁炉里生了火。每个人都帮忙把家具挪开，为沙滩毯和保冷箱腾出地方。爸爸撑起遮阳伞，给沙滩皮球吹足了气，放上"沙滩男孩"的CD，把场景布置好了。孩子们都穿上泳衣，戴上墨镜，厚厚地涂上一层闻起来很甜的防晒油，一直在咯咯地笑。他们用衣架做烧烤扦来烤食物，玩得高兴极了。他们在一起笑啊，玩啊，跳啊。当"沙滩派对"结束，他们又"回到家里"时，他们还在讨论着这次不同寻常的旅行是多么愉快。十一岁的孩子说："刚才玩得太棒了。"而最小的孩子急切地问："明天我们能再玩一次吗？"

让孩子知道他们可以和家人在一起玩得很愉快，这很重要。我们当然不希望使他们以为他们不得不去别的地方寻找快乐。如果年幼的孩子认识到笑声、乐趣、温暖和亲近都是家庭生活的一部分时，他们就会愿意与我们共度时光。这在不远的将来和很久以后都会起到作用。当孩子在青春期尝试独立的时候，他们会更有可能来向我们寻求建议，与我们交谈。当他们有了自己的家庭，他们会知道如何创造新的家族传统。

衔接过去与未来

  我们每天生活的基调会影响孩子对家庭生活的记忆。这些经历和人际关系会跟随孩子，延续到他们的人际关系、婚姻、家庭和他们的未来之中，混为一体。

  正如我反复说过的，我们的所作所为，比起我们所说的或者我们所相信的，要重要得多。我们的价值观会通过我们的行为传递给下一代。孩子见证并吸收我们的日常生活方式，他们学到的将成为他们一生的典范，不仅影响他们自己，还会影响他们的孩子。我们可以把我们爱的行动看做一种爱的链环，连接起过去和未来，把这种爱传递下去。

  请给孩子一个充满鼓励、宽容和赞美的世界：在这里，他们可

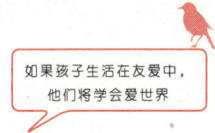

如果孩子生活在友爱中,
他们将学会爱世界

以得到我们的接受、赞同和承认;在这里,他们可以分享诚实,期待公平,得到友善和体贴。这将大大有助于提高他们自己以及他们周围每个人的生活质量。

让我们期待孩子们的美好未来,包括所有的孩子:城市的孩子、乡村的孩子、远方的孩子。让我们竭尽所能,使他们能更加容易地做到最好。毕竟,这是我们的小区、我们的城市、我们的国家、我们的星球。让我们竭尽全力,使我们的孩子能够生活在一个逐渐消除恐惧、饥饿、歧视和偏见的未来,一个由地球上的每个人组成的人类大家庭中。

让我们为我们的孩子铺好路,让他们看到最美好的世界,相信他们将会出发去寻找那片乐土,并让它变得更美好。